HISTÓRIA DA POLÍTICA EXTERNA BRASILEIRA

Uma introdução crítica

HENRIQUE CAVALCANTI DE ALBUQUERQUE

HISTÓRIA DA POLÍTICA EXTERNA BRASILEIRA
Uma introdução crítica

Freitas Bastos Editora

Copyright © 2023 by *Henrique Cavalcanti de Albuquerque*

Todos os direitos reservados e protegidos pela Lei 9.610, de 19.2.1998.
É proibida a reprodução total ou parcial, por quaisquer meios, bem como a produção de apostilas, sem autorização prévia, por escrito, da Editora.
Direitos exclusivos da edição e distribuição em língua portuguesa:
Maria Augusta Delgado Livraria, Distribuidora e Editora

Direção Editorial: Isaac D. Abulafia
Gerência Editorial: Marisol Soto
Diagramação e Capa: Madalena Araújo

Dados Internacionais de Catalogação na Publicação (CIP)
de acordo com ISBD

A435h	Albuquerque, Henrique Cavalcanti de
	História da Política Externa Brasileira: Uma introdução crítica / Henrique Cavalcanti de Albuquerque. – Rio de Janeiro, RJ: Freitas Bastos, 2023.
	116 p. ; 15,5cm x 23cm.
	ISBN: 978-65-5675-302-7
	1. Relações internacionais. 2. Política externa - Brasil. I. Título.
2023-1542	CDD 327
	CDU 327

Elaborado por Odilio Hilario Moreira Junior - CRB-8/9949

Índice para catálogo sistemático:
1. Relações internacionais 327
2. Relações internacionais 327

Freitas Bastos Editora
atendimento@freitasbastos.com
www.freitasbastos.com

SUMÁRIO

INTRODUÇÃO 7

1 POLÍTICA EXTERNA: CONCEITOS FUNDAMENTAIS 11

1.1 A POLÍTICA EXTERNA NA HISTÓRIA DAS RELAÇÕES INTERNACIONAIS 11

1.2 A DIPLOMACIA COMO INSTRUMENTO DE POLÍTICA EXTERNA DE UM PAÍS 13

2 POLÍTICA EXTERNA BRASILEIRA: CONCEITOS FUNDAMENTAIS 17

2.1 PRINCIPAIS FUNDAMENTOS DA DIPLOMACIA BRASILEIRA NO MUNDO ATUAL 17

3 HISTÓRIA DA POLÍTICA EXTERNA NO BRASIL – ÉPOCA COLONIAL 21

3.1 PE. ANTÔNIO VIEIRA – UM DIPLOMATA DO V IMPÉRIO 21

3.2 TRATADO DE MADRID E ALEXANDRE DE GUSMÃO – O BRASIL É UMA ILHA 30

4 HISTÓRIA DA POLÍTICA EXTERNA NO BRASIL-IMPÉRIO 35

4.1 JOSÉ BONIFÁCIO E A INDEPENDÊNCIA – UMA IMAGEM DO BRASIL IMPÉRIO 35

4.2 AS COMPLEXAS RELAÇÕES COM A INGLATERRA 41

4.3 GUERRA DO PARAGUAI: O MAIOR CONFLITO MILITAR EM TERRITÓRIO BRASILEIRO 45

4.4 RIO BRANCO E A CONSTRUÇÃO DE UMA POSIÇÃO INTERNACIONAL 49

5 HISTÓRIA DA POLÍTICA EXTERNA BRASILEIRA – REPÚBLICA ATÉ 1945 ....**55**

5.1 DIPLOMACIA ENTRE AS OLIGARQUIAS E O GOVERNO VARGAS 55

6 HISTÓRIA DA POLÍTICA EXTERNA BRASILEIRA – REPÚBLICA NA ERA DA GUERRA FRIA **63**

6.1 ALINHAMENTO E INDEPENDÊNCIA: O BALANÇO DAS RELAÇÕES EXTERIORES DO BRASIL 63

6.2 REGIME MILITAR: UM ALINHAMENTO AUTOMÁTICO AOS EUA? 70

7 HISTÓRIA DA POLÍTICA EXTERNA BRASILEIRA – REPÚBLICA: REDEMOCRATIZAÇÃO E PÓS-GUERRA FRIA **79**

7.1 UM PANORAMA DOS DESAFIOS DO MUNDO PÓS-GUERRA FRIA 79

7.2 MERCOSUL: REALINHAMENTO DO BRASIL 82

7.3 GLOBALIZAÇÃO E NOVOS TEMAS: A DIPLOMACIA DO BRASIL EM UM MUNDO COMPLEXO 92

7.4 CHINA E EUA: O BRASIL EM UMA NOVA "GUERRA FRIA"? 94

7.5 A GLOBALIZAÇÃO ACABOU? MOVIMENTOS ANTAGÔNICOS E DISPUTAS TECNOLÓGICAS E DIPLOMÁTICAS 96

7.6 ECOCÍDIO: TEMA ESTRUTURANTE NAS RELAÇÕES INTERNACIONAIS 103

7.7 ARMADILHA DE TUCÍDIDES: A GUERRA É INEVITÁVEL? 108

BIBLIOGRAFIA **113**

INTRODUÇÃO

Antes de começarmos, convido o leitor a olhar com atenção ao mapa do Brasil.

Temos um país imenso, com complexas fronteiras terrestres e uma ampla fronteira marítima. Da parte terrestre, são mais de 16 mil quilômetros, totalizando dez países, em uma extensão fronteiriça que é a terceira maior do mundo, atrás de Rússia e China apenas.

Agora, peço que o leitor faça um pequeno sobrevoo em algum livro de História do Brasil. Compare nossas fronteiras com nossa história: quais as guerras que o país já teve ou ainda tem por disputas territoriais? A última guerra externa da qual o país participou foi a II Guerra Mundial, com tropas enviadas para a Europa. Guerras envolvendo fronteiras na América do Sul, apenas no século XIX. De novo, peço ao leitor que faça esta comparação entre uma ampla fronteira terrestre e uma história de poucos conflitos, principalmente quando se compara com outros países, nos quais as fronteiras se alteram em poucos anos, em muitos casos, envolvendo conflitos bélicos.

Esta é a primeira constatação a ser feita: o Brasil é um grande país com uma fronteira pacificada, pelo menos no que toca a conflitos entre Estados. (há problemas fronteiriços recorrentes em relação a contrabando, crime organizado e outros atores não-estatais).

Qual a origem desta situação que poderia causar certa inveja em muitos outros países do mundo? Há vários aspectos nesta resposta complexa, mas um deles se destaca: a história de nossa política externa. A disposição de resolver conflitos a partir de soluções pacíficas, baseadas na discussão e não em conflitos envolvendo guerras.

Só por essa constatação já se deveria ter em conta a importância do tema Política Externa na História mais ampla do Brasil. Mas ao se chegar a essa constatação, outra imediata se impõe: em geral, nos cursos de história do ensino regular ou mesmo de ensino superior, dá-se o valor real ao estudo da Política Externa Brasileira? Quantos alunos fora do âmbito mais estrito das Relações Internacionais sabe o papel do Itamaraty, formulador de nossa diplomacia, em nossa História? Ou mesmo, nos dias atuais? Não seria a Política Externa brasileira um tema negligenciado nos debates sobre a nossa identidade enquanto nação?

Por outro lado, imagine o leitor um mesmo período histórico, digamos, da II Guerra Mundial para os dias de hoje, segunda década do século XXI. De 1945 a 2020, para termos uma data referência: 75 anos. Compare a fronteira brasileira com as fronteiras europeias neste período. O leitor facilmente irá constatar que as fronteiras daquele continente se alteraram de forma significativa enquanto a fronteira brasileira permaneceu a mesma. Em pleno século da globalização da economia e das redes sociais, que prometiam certa "aldeia global" de interesses comuns e expansão do capital pelo planeta, guerras por fronteira nunca saíram do radar da análise das Relações Internacionais. A mais recente guerra entre Rússia e Ucrânia confirma de forma dramática este fato. Enquanto isso, podemos dizer que o Brasil permanece no cenário internacional como um país ausente de conflitos armados, pelo menos no que toca ao tema exércitos nacionais. Como um país com muitas riquezas naturais, incluindo a maior floresta tropical do mundo, hoje um valor inestimável para toda a humanidade, está ausente de conflitos bélicos? Neste mesmo momento, países com menos recursos como o Iêmen enfrentam uma violenta guerra interna. Brasil, uma ilha de paz em um mundo instável?

Estes são temas que iremos trabalhar neste livro sobre Política Externa Brasileira. Fazendo um sobrevoo sobre os diversos períodos do Brasil em sua história complexa e muitas vezes, contraditória, iremos tentar responder a esta e a outras questões. Pode-se argumentar que o estudo da política externa brasileira é um assunto para especialistas. Mas as simples perguntas que endereçamos acima nos permitem contradizer este ponto de vista. A política externa de um país e sua inserção no mundo afeta diretamente a população deste país, particularmente, aliás, a camada menos favorecida, naturalmente mais vulnerável às mudanças econômicas. Portanto, é um assunto do cotidiano, que deveria estar presente nas rodas de conversa, nas decisões de investimento e na construção da identidade de nossa nação. Para além de um nacionalismo que poderia mascarar nossos problemas, estudar e entender a posição do Brasil no mundo é um esforço que merece ser feito por todos. Desse tema, poderemos encontrar potenciais de desenvolvimento que trarão melhorias das condições de vida a muitos brasileiros. Política externa qualificada é, sem dúvida, solução concreta mais do que tema de estudo para especialistas.

É com essa premissa que este livro é escrito. Como um convite para o leitor que quer se aprofundar no tema, sem necessariamente a linguagem mais acadêmica e as teorias mais especializadas que poderiam afastar o interesse de um público mais amplo. Este livro é um manual introdutório que permite colocar as questões mais recorrentes de nossa História em uma perspectiva mais ampla. E o desejo desta obra é que o tema da Política Externa possa ser menos o dos especialistas, mas o de qualquer brasileiro interessado em conhecer a posição deste país singular no mundo contemporâneo.

1 POLÍTICA EXTERNA: CONCEITOS FUNDAMENTAIS

1.1 A POLÍTICA EXTERNA NA HISTÓRIA DAS RELAÇÕES INTERNACIONAIS

Diplomacia, Política Externa, Itamaraty, Chanceler, Ministério de Relações Exteriores. Termos que comumente vemos na imprensa e que podem ser tomados como sinônimos. Porém, cada um tem uma especificidade e é necessária uma definição mais coerente em cada um deles.

O termo mais abrangente é Política Externa. Trata-se de um termo que abrange todas as conexões que um país tem com o exterior, a formulação de um caminho de longo prazo a seguir e que envolve diversas áreas do Estado e do setor privado. Como exemplo, a política ambiental brasileira, envolvendo os diversos órgãos de Estado responsáveis pelo tema meio ambiente e os setores privados que dependem de uma projeção de imagem que o Brasil pode ter em relação ao tema. Uma empresa que produz proteína animal e que exporta para mercados internacionais exigentes em relação ao tema meio ambiente, precisa ter uma política externa brasileira consistente e de longo prazo nesta área, sob pena de perder importantes mercados.

Pense na famosa imagem que os carros alemães ou japoneses adquiriram no tempo. Alta engenharia, mecânica confiável, qualidade do produto. Trata-se de uma simbiose entre o setor privado e o Estado, projetando uma imagem que reforça o posicionamento de mercado que aquele país e aquelas empresas almejam. Cada vez mais a política externa deixa de ser um assunto exclusivamente estatal e passa a ser um tema debatido na área privada. Em épocas não muito remotas, política externa era algo fechado em um gabinete, com agentes exclusivamente estatais, diplomatas, generais, altos cargos do executivo. Hoje, no mercado mundial altamente disputado, política externa afeta até os empregos de um país.

Portanto, não há política externa sem que se pense no longo prazo: que imagem um país deseja projetar no mundo? E por "imagem" temos um conjunto de temas, ideias, propostas e claro, posicionamentos. A política externa engloba atores estatais e não estatais e igualmente pertence tanto ao Estado quanto ao setor privado. Um importante teórico de Relações Internacionais, Joseph Nye formulou o termo "*soft power*" nos anos 1980 e consolidou sua teoria no livro de 2004, "*Soft Power: The Means to Success in World Politics*". Disponível em http://www.tinyurl.com/mug36ku

Se pudermos resumir sua obra em uma única palavra, poderíamos dizer: influência. A capacidade de influenciar os outros países sem necessariamente usar a força, no caso, na maioria das vezes, militar. A Política externa é a ferramenta que um país tem de influenciar os outros países, em vários meios.

Isso quer dizer que política externa não faz uso da força militar? Sim, faz, quando necessário. A força militar é hoje entendida como "*hard power*" e grandes potências fazem uso dela na defesa de seus interesses. Porém, dada a complexidade das disputas mundiais hoje, em vários campos, tecnológico, econômico, diplomático, cultural, é no campo do "*soft power*" que os países mais investem. Em outras palavras, uma boa narrativa política pode ser igualmente poderosa, embora uma frota de porta-aviões também o seja.

Por isso que na política externa, os vários outros itens relacionados acima se conectam em um todo coerente, organizado entre os vários atores e com vistas ao longo prazo.

A palavra-chave para entender política externa é: objetivo. O que um país pretende "ser" no mundo? Quais os objetivos estratégicos de um país no cenário internacional? Sendo que em objetivos, cabe praticamente tudo o que este país planeja em sua projeção de influência, desde o poder militar, quando é o caso, até a política de exportação de longo prazo deste país.

1.2 A DIPLOMACIA COMO INSTRUMENTO DE POLÍTICA EXTERNA DE UM PAÍS

Dentro deste conceito mais amplo, podemos nos perguntar: qual é a política externa de longo prazo do Brasil? Em uma formulação mais simplista, mas não necessariamente equivocada: "o que você quer ser quando crescer"?

Para responder a esta pergunta, precisamos passar os outros termos que apresentamos:

Diplomacia, Itamaraty, Chanceler, Ministério de Relações Exteriores.

A diplomacia é uma ferramenta da política externa. O diplomata representa seu país, defende seus pontos de vista, constrói e sustenta narrativas que vão dar base aos posicionamentos do país no cenário internacional, notadamente nos órgãos multilaterais, como ONU, OMC, Mercosul e outros. A diplomacia não é a única ferramenta da política externa. Grandes potências usam sua força militar também. Mas mesmo em caso de conflito bélico, a diplomacia continua a ser exercitada. O diplomata é, por excelência, o cargo mais importante de um amplo leque de agentes da política externa. Ele é um agente estatal, porém deve estar sempre em contato com o setor privado de um país, já que na arena econômica internacional ele precisa atender aos interesses de setores exportadores. Quem forma este corpo de diplomatas no Brasil? O Itamaraty. Mas de onde veio essa palavra?

Trata-se de um Palácio, construído a mando de Francisco José da Rocha Leão, 1806-1883, importante político do Império e que era filho do barão de Itamaraty. Do ponto de vista da hierarquia da nobreza brasileira do Império, Francisco José da Rocha Leão foi ainda mais longe que seu pai, tornando-se posteriormente visconde do Itamaraty. Em função do título de nobreza de seu pai e dele mesmo, seu palacete foi batizado com esse nome. Nos primeiros anos da República, foi transformado em sede do então criado Ministério de Relações Exteriores, por sua vez herdeiro do antigo Ministério dos Negócios Estrangeiros do Império do Brasil. Ou seja, o órgão de Estado que administrava a política externa brasileira a partir da República tinha como sede o Palácio do antigo visconde, o Palácio do Itamaraty. Hoje, a palavra é um sinônimo do Ministério de Relações Exteriores. A sede atual fica em Brasília, muito perto da praça dos Três Poderes, enquanto a sede antiga que fica no Rio de Janeiro é um importante arquivo histórico da história externa brasileira.

É do Itamaraty que se formam os diplomatas brasileiros, a partir de um curso muito prestigiado e disputado. E como o Brasil tem pouca capacidade militar de influenciar outros países, nossa política externa tem como pilar central, a diplomacia. E nossos diplomatas formam o Itamaraty. Não à toa, os termos política externa, diplomacia e Itamaraty são quase sinônimos no Brasil.

E por último, temos o termo chanceler. Tal termo é usado em vários países europeus, mas não nos EUA. Quem é o chanceler? É o ministro de Relações Exteriores, nomeado pelo presidente da República, um poder a ele concedido pela Constituição. Usa-se o termo chanceler como herança da denominação europeia ainda vigente em muitos países. Mas pode-se também usar o termo ministro de relações exteriores. Como ele é nomeado pelo presidente, trata-se de um cargo técnico-político, que articula de forma dinâmica a relação entre a política externa de um presidente e seu governo e os objetivos de longo prazo do Brasil. Ou seja, o corpo diplomático tem cargos de Estado, e forma um grupo de pessoas altamente preparadas para atingir os objetivos que o Brasil tem no mundo: mas esses objetivos também têm mudanças, pois cada governo eleito altera o enfoque destes objetivos, propõe outros, valoriza alguns temas de sua pauta política.

A relação entre diplomacia-chanceler é um tema de estudo amplo. Um diplomata deve estar a serviço do Estado brasileiro, portanto, tem um ponto de vista de longo prazo. Mas em uma democracia, cada governante eleito vai privilegiar certas pautas, temas e propostas e vai nomear um chanceler que esteja a serviço deste governo. Estado e governo aqui se encontram, muitas vezes de forma tensa. Outras, harmônica. Um governante eleito tem o direito de propor sua pauta e seu chanceler nomeado deve estar imbuído desta pauta. Porém, os objetivos de longo prazo articulados no Itamaraty por anos de reflexão e estudos não mudam totalmente a cada governo. Pode-se dizer que muito desta obra é o exame deste tipo de relação: como as mudanças de governo alteram e se articulam com as permanências da diplomacia brasileira.

E por último, podemos perguntar. Como foi construída esta base de longo prazo que a diplomacia brasileira tem? A partir de quais pressupostos e objetivos o Itamaraty trabalha para construir esta imagem do Brasil? A resposta está no passado. A História do Brasil em seus diversos momentos teve desafios específicos em seu tempo. Portanto, estudar a inserção do Brasil no mundo é igualmente estudar a formação da política externa brasileira. É nosso próximo passo a partir de agora.

2 POLÍTICA EXTERNA BRASILEIRA: CONCEITOS FUNDAMENTAIS

2.1 PRINCIPAIS FUNDAMENTOS DA DIPLOMACIA BRASILEIRA NO MUNDO ATUAL

No capítulo anterior, pensamos os órgãos e definições da política externa brasileira. Neste capítulo, vamos analisar brevemente a posição do Brasil no mundo, seus principais desafios e objetivos. E como o passado pode-se ser fundamental para a construção da identidade brasileira do presente.

Usamos o termo poder no capítulo anterior para entender a formação da política externa de um país. Mas poder é uma palavra que tem múltiplos significados. Na tradição realista de teoria de Relações Internacionais, poder é antes de tudo, força. E por força, entende-se força militar. "Quantas divisões blindadas tem o Papa?" teria dito o ditador Josef Stalin a Pierre Laval, então Ministro de Relações Exteriores da França em 1935. A frase tem um contexto bastante preciso: para que o ditador Stálin se fortalecesse no poder, Laval sugeriu que a então URSS estimulasse laços políticos com a Igreja Católica. Stálin tinha uma concepção bastante precisa de poder, como se pode ver pela frase.

Mas também vimos que poder não é apenas a força militar de uma nação. Vamos comparar dois países para se ter uma exata ideia desta comparação: as Coreias do Sul e do Norte.

A Coreia do Norte é um dos países mais pobres do mundo, com sua população sofrendo fome de forma crônica, de acordo com os (poucos) relatos que de lá chegam. É uma ditadura, igualmente das mais fechadas e autoritárias do planeta. Sua capacidade de influenciar o mundo, seu poder em essência, é a posse de armas nucleares e a capacidade de usar tais armas com mísseis de longo alcance.

Compare-se com a Coreia do Sul. Um dos maiores PIB do mundo. Sua força militar também é notável, mas não tem, pelo menos até o momento, armas nucleares e não pretende ter. Um ataque nuclear do Sul ao Norte iria afetar a ambos, já que a radiação não conhece fronteiras e os dois países têm um território contíguo e pequeno. A força nuclear da Coreia do Norte intimida os aliados do Sul, como o Japão e os EUA. Mas é igualmente pouco racional em termos militares para atacar o Sul. Então, qual seria o poder, a influência da Coreia do Sul? Qual a sua capacidade de ser respeitada e exercer sua imagem no mundo, se não é pela posse de armas nucleares?

Examine o seu entorno. É altamente provável que seu celular, sua TV ou seu automóvel sejam coreanos (desnecessário dizer, de empresas do Sul). Sua arte é igualmente consumida em todo o mundo. Há a música coreana, um enorme sucesso mundial. Seus filmes e mais recentemente, suas séries são fontes de divertimento, reflexão e admiração. Com elas, sua culinária, seus costumes e até mesmo sua língua torna-se cada vez mais conhecida. Já não é tão raro adolescente aprenderem um pouco de coreano, sem ter nenhuma conexão familiar com aquele país, para cantar suas músicas preferidas. E até no esporte, o *tae-kwon-do* coreano é uma prática de milhares de adeptos mundo afora.

Pode-se perguntar? Qual dos dois países tem mais poder?

À primeira vista, nós responderíamos, a Coreia do Sul. Mas deve-se ter um pouco de cautela nesta resposta. Ter armas nucleares e a capacidade de enviar tais armas a milhares de quilômetros é um poder imenso que a pobre, isolada e autoritária Coreia do Norte tem. Embora possamos ter mais contato com a Coreia do Sul em nosso cotidiano, ambas as Coreias têm poder. Trata-se de uma escolha que cada país construiu a partir do sistema político e econômico de cada uma.

O Brasil, em se tratando de poder, está mais próximo da Coreia do Sul ou do Norte?

A resposta é bastante rápida. Não temos armas nucleares e não temos a capacidade de enviar estas bombas a grandes distâncias. (a capacidade nuclear de um país é sempre dividida em duas partes: a capacidade de ter a bomba em si e a capacidade de jogar tal bomba em seu país inimigo). Igualmente, não temos o interesse e sequer a necessidade de ter tais bombas. Nossos "inimigos" não são militares. Um dos temas, aliás, que vamos analisar neste livro é exatamente o como o Brasil conseguiu ter uma ampla fronteira sem ter grandes conflitos militares em sua longa História.

Portanto, nosso poder é baseado em nossa economia, em nossa cultura, em nossa diplomacia. Nós influenciamos mais do que impomos.

Porém, somos tão influentes quando a Coreia do Sul? Nosso poder é o mesmo que o daquele pequeno país da Ásia?

Pense agora em um cidadão de uma grande potência econômica e militar como é os EUA. É provável que este cidadão americano conheça algum elemento em seu cotidiano da Coreia do Sul. Os carros coreanos têm ótima aceitação no mercado americano. Seus produtos eletrônicos estão entre os mais desejados e competem com empresas americanas. Até mesmo uma potência tecnológica como o Japão tem dificuldade em competir com algumas empresas coreanas. Será que o Brasil tem a mesma influência por lá?

Infelizmente, não. Portanto, em termos de poder, somos muito distantes da Coreia do Norte. E não desejamos ter aquela forma de poder, o militar. Mas também não atingimos o status que a Coreia do Sul já atingiu. Qual o poder do Brasil no mundo atual?

Quando se fala em poder, a economia é um fator-chave. Países com um PIB muito limitado podem ser poderosos quando se trata de capacidade militar. Mas países com uma sólida estrutura produtiva podem conciliar amplo poder militar, se assim o desejarem, e capacidade de influência econômica mundo afora. E a economia do Brasil tem conquistas e limitações.

Quando se pensa o agronegócio, o Brasil é um ator de primeiro time. Em quase todo o mundo, consomem-se produtos brasileiros. Portanto, nosso espaço de poder econômico é bastante sólido. Embora não tanto como a Coreia do Sul e sua poderosa e internacional indústria.

Em nossa História, nosso poder variou enormemente. De colônia a país independente, saímos de uma condição de objeto para sujeito. Em grande parte, estudar a história da política externa brasileira é estudar o tema poder: qual espaço de poder o Brasil conquistou ao longo dos anos? Quais ainda faltam?

Por outro lado, podemos entender poder de forma múltipla. Igualmente, conceituar espaço de poder e suas possibilidades de atuação internacional é o tema estruturante de uma história de política externa, em suas diferentes épocas. Com esses conceitos em mente, iremos agora iniciar um percurso panorâmico pela nossa trajetória enquanto território e país. Em cada momento, sempre nos perguntaremos: quais as relações externas que o país teve em sua época? E quais espaços de poder ocupamos? Vamos tentar responder a estas questões a seguir.

3 HISTÓRIA DA POLÍTICA EXTERNA NO BRASIL – ÉPOCA COLONIAL

3.1 PE. ANTÔNIO VIEIRA – UM DIPLOMATA DO V IMPÉRIO

Talvez o conceito bíblico de V Império não lhe seja familiar. Trata-se de um conjunto de pensamentos cuja origem é uma profecia do livro de Daniel. **Gonçalo Annes Bandarra,** curiosamente nascido no mesmo ano da chegada dos portugueses ao Brasil, 1500, e morto em 1556, era um artesão e poeta. Suas poesias utilizavam argumentos bíblicos criando uma visão de que Portugal seria o V Império que o profeta Daniel teria visualizado. Há possibilidade de que esta visão messiânica seja uma influência de origem judaica de Bandarra, isso em uma época em que ter ascendência judaica na península ibérica poderia levar um indivíduo à Inquisição. Foi, aliás, exatamente o que aconteceu com Bandarra. Processado, teve que se impor certo exílio em uma cidade chamada Trancoso, em Portugal. Não aquela cuja praia famosa fica na Bahia, aliás, na mesma região em que justamente em 1500 os primeiros portugueses chegavam ao Brasil.

O que é messianismo? Claro está que a chave para entender este conceito é o messias. O enviado, em grego. Alguém dotado de uma missão especial. Na tradição judaica, supostamente a de Bandarra, o Messias ainda está por vir. Na tradição cristã, é o próprio Jesus.

Bandarra acreditava em um Portugal como portador de uma missão: o país não era o Messias, mas seria a Terra Prometida, uma nova Jerusalém, de onde nasceria o novo Messias. Portanto, mais do que um reino, Portugal era uma promessa divina.

Estas ideias circularam no século XVI de forma bastante intensa. E de fato, não era estranho que muitos em Portugal assim se referiam ao próprio país. Pioneiro nas navegações, potência marítima e comercial, Portugal ainda estava à frente dos outros países europeus na corrida por expansão. Seu rival, Espanha, já despontava como a potência ascendente.

Outro nome a ser citado aqui é o de Tucídides. Historiador que relatou as guerras entre as cidades gregas conhecidas como Guerra do Peloponeso, construiu uma linha de pensamento em que opõe a potência hegemônica, a que está na posição de poder dominante, que enfrenta a potência que está em processo de crescimento. Para ele, tal conflito era inevitável.

E o que as profecias de Bandarra nos dizem sobre tal disputa de poder? Para ele, Portugal era uma potência hegemônica com uma missão divina e, portanto, não poderia perder. Ainda que a potência ascendente fosse a Espanha, igualmente católica, era Portugal o portador da missão de espalhar o Evangelho ao mundo pela navegação. Era uma narrativa que justificava o espaço de poder português no mundo.

Portanto, quando Cabral aportou não muito longe de Trancoso na Bahia, alguns anos depois em outra Trancoso, em Portugal, certo artesão escrevia dizendo que a expansão marítima lusitana era uma missão divina, profética.

Deriva-se daí a importância da narrativa para justificar e dar sustentação a certa ação política, econômica e até militar. De certo ponto de vista, pode-se entender que uma narrativa é apenas uma "desculpa"; um conjunto de ideias que apenas dá suporte a uma ação cuja intenção real é outra, geralmente conquista de poder econômico ou militar. Este ponto de vista é partilhado pela interpretação marxista da História, é a chamada ideologia.

Mas outro ponto de vista entende a cultura como uma realidade tão concreta quanto a economia ou uma guerra. Ou seja, narrativas não seriam apenas "desculpas", mas formas de entender o mundo que condicionam fortemente as ações. Em resumo, se você acredita em algo, você constrói sua realidade a partir desta narrativa. Ela é simbólica, mas por isso mesmo, real.

A pergunta que se faz neste momento é: qual o papel do Brasil neste contexto de construção de uma narrativa messiânica de Portugal?

Em 1578, o rei de Portugal, Dom Sebastião morreu em uma cruzada fora de época no Norte da África. Diz-se fora de época, porque a motivação do jovem rei era combater o "infiel", os islâmicos. As cruzadas já tinham se encerrado, mas sua motivação religiosa continuava a mesma. Foi um desastre militar. As tropas portuguesas foram derrotadas e o rei, ficou no deserto. Sem herdeiros diretos, porque tinha feito voto de castidade, outro exemplo de sua intensa motivação religiosa, o rei de Espanha, Felipe II alegou que tinha ascendência em sua família e que, portanto, direito ao trono português. Além das alegações dinásticas, igualmente invadiu Portugal pelas armas. A maioria da nobreza portuguesa acreditou que era uma boa opção unir-se ao trono espanhol, naquele momento, já a potência hegemônica que tinha ultrapassado a potência em decadência. O motivo da riqueza espanhola? A prata e o ouro da América.

O Brasil, portanto, passou a ser uma colônia da Espanha. São profundas as implicações deste momento histórico. Em primeiro lugar, o tratado de Tordesilhas, amplamente estudado na escola, deixou de fazer sentido. Por que dividir duas porções de território se agora fazem parte da mesma coroa real? Mas há outro aspecto que terá implicações de longo prazo.

Agora totalmente espanhol, pelo menos no sentido jurídico, o território do Brasil ocupado por colonos portugueses passou a se expandir. Se já não havia muita fiscalização sobre a ocupação de terras que deviam ser espanholas durante o Tratado, agora sequer isso fazia sentido. O interior brasileiro, território que em boa parte não deveria fazer parte do Império Português, foi ainda mais ocupado por colonos. É esta "confusão", agora legalmente aceita, que terá implicações de longo prazo. Como se vê, é na sucessão dinástica portuguesa que uma parte do mapa do Brasil foi desenhada.

Igualmente importante, o comércio entre regiões do Brasil passou a ter outra lógica. Era estritamente proibido a colônia portuguesa ter intercâmbio comercial com as regiões dominadas pela Espanha. Na prática, esse comércio existia, mas era ilegal. Com a união ibérica, nome dado a este período histórico, de 1580 a 1640, tal comércio tornou-se legal e ainda mais praticado. A pequena vila de São Paulo, por exemplo, tinha um florescente comércio via fluvial com o rico porto de Buenos Aires. Quase como um "MERCOSUL", muito antes de sua concepção.

Nem tudo são flores. A Espanha era um império imenso, com possessões na América, na África (herança portuguesa, em sua maioria), na Ásia. Administrar tal império era dispendioso e militarmente muito difícil. E há o tema da religião: como sabemos, realidade material e simbólica se intercalam.

Desde o início da colonização portuguesa que capitais holandeses tinham financiado o açúcar brasileiro. Os Países Baixos, dos quais a Holanda é o mais conhecido, tinham um importante centro distribuidor de açúcar na Europa, açúcar esse produzido no Brasil. Ao mesmo tempo em que financiavam a produção, distribuíam o produto. E a Holanda era, junto com outras regiões da Europa, parte do império de Felipe II. Mas ela se revoltou de forma consistente contra esse domínio. O motivo? Tanto questões materiais, os comerciantes holandeses queixavam-se da enorme carga tributária para sustentar o Império, como por questões simbólicas: majoritariamente protestantes, calvinistas, eram contrários ao domínio católico exercido por Felipe II. Uma das causas da guerra dos Trinta Anos, uma das maiores guerras da história europeia, é justamente, as disputas religiosas.

A guerra estendeu-se por longos anos, só se encerrando em 1648, já no reinado espanhol de Felipe IV. E foi esta guerra entre Espanha e Holanda que se alastrou ao Brasil.

Em 1624, a WIC, sigla em holandês da Cia das Índias Ocidentais, atacou a cidade de Salvador, na Bahia, então capital do governo geral português no Brasil. Portuguesa era a administração, porém o rei destas terras era Felipe IV, neto de Felipe II. A Holanda atacou o Brasil como uma continuação dos conflitos com a Espanha, tanto na Europa quanto na Ásia. Desde Felipe II que os capitais holandeses não conseguiam mais ter acesso à produção do açúcar brasileiro. Aproveitando-se das guerras europeias nas quais Felipe IV estava envolvido, um amplo conjunto de conflitos conhecido como Guerra dos Trinta Anos, a Holanda toma a cidade de Salvador.

Interessante notar que durante o início da colonização, Holanda e Portugal tinham sido aliados e parceiros no projeto colonizador do Brasil. Agora, sob o domínio espanhol, eram inimigos. E o Brasil, uma rica colônia a ser conquistada pelo ex-aliado.

O interesse holandês era plenamente comercial. E Portugal, enfraquecido e sem autonomia, corria o risco de perder sua colônia mais rica. Nota-se agora o tamanho do desastre que foi a morte prematura de D. Sebastião.

Esta primeira invasão foi repelida por uma imensa frota vinda da Europa com navios espanhóis e portugueses e um ano depois, a Holanda abandona Salvador. Mas era uma fuga que teria volta. Em 1630, a WIC atacou de novo o Brasil, desta vez, a região da capitania de Pernambuco, então muito provavelmente o maior produtor mundial de açúcar. Foi um sucesso militar. Até 1640, a expansão militar holandesa iria continuar conquistando cidades litorâneas no Brasil até a região de São Luis, no atual Maranhão. E com elas, engenhos e mais engenhos que produziam o tão precioso açúcar.

O nordeste do Brasil foi dividido em duas partes, sendo a foz do rio são Francisco a linha divisória: ao norte, em uma ampla faixa litorânea que ia até o Ceará, o domínio holandês. Da foz do rio são Francisco ao sul, tendo ainda capital em Salvador, o que restava do domínio português / espanhol.

Ainda não ligamos as profecias messiânicas de Bandarra ao papel do Brasil neste suposto V Império, mas é aqui que as realidades política e simbólica se ligam e de forma surpreendente.

É neste momento que a voz de um padre ecoa nas igrejas de Salvador: padre Antônio Vieira.

> *"Entregai aos Holandeses o Brasil, entregai-lhe as Índias, entregai-lhe as Espanhas (que não são menos perigosas as consequências do Brasil perdido), entregai-lhe quanto temos e possuímos (como já lhe entregastes tanta parte), ponde em suas mãos o Mundo; e a nós, aos portugueses e espanhóis, deixai-nos, repudiai-nos, desfazei-nos, acabai-nos. Mas só digo e lembro a Vossa Majestade, Senhor, que estes mesmos que agora desfavoreceis e lançais de vós, pode ser os queirais algum dia, e que os não tenha mais."*

No ano de 1640, justamente em meio aos avanços militares holandeses no Nordeste, e vendo da cidade de Salvador a conquista de boa parte da colônia portuguesa para eles, que Antônio Vieira, um padre jesuíta que já tinha uma sólida carreira como pregador nesta época, evoca as profecias de Bandarra e afirma: o Brasil não é apenas uma colônia portuguesa rica em açúcar, mas um território do V Império bíblico. Esta ideia que Vieira tinha já há tempos foi se cristalizando com o seu testemunho dos conflitos entre católicos e protestantes na Europa, no contexto da guerra dos Trinta Anos, e nas disputas das terras do Brasil entre portugueses-espanhóis e holandeses. Para ele, o Brasil tinha um papel messiânico: ser o pilar econômico de um império católico que, para ele, era fundamental na luta contra o "pior dos infiéis", o falso cristão, o protestante. Claro está que estamos em uma época na qual a tolerância religiosa era uma promessa distante.

Ironicamente, apesar dos argumentos de Vieira, a Holanda continuou conquistando terras. Mas pode-se dizer que sua pregação não foi em vão. A Espanha, enfraquecida por guerras constantes em suas colônias e na Europa, já não tinha condição de se manter como a potência hegemônica absoluta. E no mesmo ano de 1640, Portugal conseguiu pela via militar expulsar o domínio espanhol de seu território, reconquistando sua independência. Para Vieira, apesar da contradição de ser desta vez uma disputa entre dois países católicos, era como se sua voz tivesse sido ouvida e finalmente, seu Portugal mítico e messiânico pudesse cumprir sua profecia, seu destino. E o Brasil, claro, seu papel neste destino.

Neste episódio da história colonial brasileira, pode-se ver algumas constantes que serão presentes em outros momentos. A importância da riqueza material como fonte de disputa entre potências. E a presença da disputa de narrativas, elementos simbólicos que são tão determinantes para a visão de política externa quanto o são a realidade material ou a economia. Um império pode ser um território ocupado por cidades, portos de comércio, riquezas agrícolas ou minerais. Mas igualmente, é uma construção simbólica, cultural, identitária. Poderemos ver em outros momentos da história da política externa brasileira estes dois elementos se entrecruzando de tal forma que fica impossível definir onde começa o simbólico e onde começa o material.

O domínio holandês no Brasil permaneceu até 1654, quando um movimento militar conhecido como Insurreição Pernambucana retomou o controle da parte do Nordeste que tinha sido tomada. Mas até a expulsão, há outro nome bastante importante que merece nosso destaque.

O leitor já foi ao Recife? Na rua conhecida como Rua do Bom Jesus há a mais antiga sinagoga das Américas. Mas como uma sinagoga na Recife colonial, tão ligada à tradição católica portuguesa? Imagine o leitor a forte desconfiança das elites eclesiásticas que até mesmo criaram um termo "cristãos novos", para designar aqueles que eram judeus convertidos?

Durante o período holandês no nordeste brasileiro, houve um breve momento de liberdade religiosa: o governo de Maurício de Nassau. Personagem fascinante da história europeia e brasileira, esse nobre era um legítimo herdeiro da tradição humanista surgida no Renascimento. Além de ter trazido artistas e cientistas para o domínio holandês, incluindo nomes como dos pintores Albert Eckhout e Franz Post, também promoveu reformas urbanísticas de grande porte na então acanhada e problemática Recife, cheia de mangues e canais do rio Capibaribe.

Até mesmo um observatório astronômico e um jardim botânico foram criados.

Mas Nassau também era um pragmático. Sabendo da importância dos capitais judaicos para o financiamento do açúcar, concedeu liberdade religiosa com vistas a um objetivo prático: aumentar a produção do valoroso produto que era a fonte de riqueza e o objetivo últimos dos holandeses no Brasil. Como se vê, humanismo e visão prática podiam andar em conjunto.

Este momento de breve tolerância e abertura intelectual acabou quando os próprios holandeses, pouco à vontade com os altos custos da manutenção de todos estes luxos na verdadeira corte de Nassau em Recife, foram cortados, resultando da expulsão dele da região e sua volta à Europa.

Um grupo de senhores de engenho muito endividados com os banqueiros judeus e com a liderança holandesa acabou por se revoltar e entregar a administração do Brasil holandês aos portugueses. Ao contrário de certa tradição, há pouco de nacionalismo nesta decisão, mas muito de interesses pragmáticos bem concretos. Financeiros, no caso.

Encerrava-se assim um dos períodos mais turbulentos da História da política externa brasileira na era colonial: período no qual se misturam elementos das guerras europeias da época, sucessões dinásticas, temas religiosos e culturais. Como se vê, questões complexas estão sempre em pauta quando de fala de uma política externa que é, antes de mais nada, o resultado de múltiplos vetores, nacionais e internacionais.

Qual foi o saldo do conturbado período anterior?

Portugal sai da União Ibérica muito abalado. Empobrecido pelas perdas do açúcar que lhe foi tomado pelos holandeses. E ainda mais defasado pelas perdas de importantes colônias no Oriente. Ao mesmo tempo, a produção de açúcar do Brasil tinha um novo concorrente: a Holanda adquiriu o controle da produção no Caribe junto com suas rotas de distribuição do produto na Europa.

Ao mesmo tempo em que perdia terras no Oriente, Portugal ganhou no Ocidente: particularmente, no Brasil. Vimos como a União Ibérica tornou o tratado de Tordesilhas "letra morta". Enormes territórios no interior do Brasil passaram a ser ocupados por colonos brasileiros. Com o fim da União Ibérica em 1640, era necessário redefinir as fronteiras da colônia.

3.2 TRATADO DE MADRID E ALEXANDRE DE GUSMÃO – O BRASIL É UMA ILHA

É neste momento que temos um tema de longo alcance na história da política externa brasileira: nossas fronteiras pouco se alteraram durante nossa história enquanto país independente. Tal fato indica menos uma tradição pacifista inerente ao país, mas o fato exato contrário: o Brasil tem esta tradição pacifista porque suas fronteiras foram pouco disputadas. E isto se deve tanto a um condicionante histórico específico, quanto a atuação decisiva de alguns importantes brasileiros: dentre eles, talvez aquele que mais pode merecer o título de primeiro diplomata, Alexandre de Gusmão.

Era fundamental estabelecer um marco jurídico entre Portugal e Espanha que evitasse conflitos: ambas as ex-potências hegemônicas estavam, em meados do século XVIII, bastante enfraquecidas em suas posições econômicas e militares. Porém, ainda eram proprietárias de territórios coloniais em várias partes do mundo. Foi neste contexto de disputa ao mesmo tempo de conciliação que as duas coroas iniciaram as tratativas de um futuro tratado que pudesse redesenhar as definições das possessões colônias. E neste aspecto, o imenso território brasileiro tinha papel fundamental.

Como vimos, áreas do interior do Brasil estavam ocupadas por colonos brasileiros. E pelo tratado de Tordesilhas, não poderiam estar. Fato consumado: foi esse o primeiro ponto central da argumentação portuguesa. E tal ponto tem um nome em latim: *utis possidetis*, seu defensor, um brilhante diplomata luso-brasileiro, Alexandre de Gusmão.

Nascido em Santos, com estudos em Salvador, Coimbra, Paris, Madrid e Roma, foi o maior responsável pelas tratativas que levaram ao estabelecimento do Tratado de Madrid, assinado em 1750, e que em sua maior parte, é a origem das atuais fronteiras brasileiras. Neste tratado, havia uma série de trocas entre as duas coroas: a colônia de Sacramento, no atual Uruguai, fundada por portugueses e objeto de intensas disputas por praticamente um século, era entregue em definitivo para a Espanha. Com isso, a coroa espanhola podia manter a navegação no rio da Prata segura de possíveis interferências portuguesas, navegação essa estratégica para o escoamento dos metais preciosos extraídos do centro da América do Sul e que eram naquela época quase que o único sustentáculo da economia espanhola.

Uma posição estratégica que foi trocada por imensos territórios: a saber, os atuais estados do sul do Brasil, Rio Grande do Sul, Santa Catarina e Paraná, que por Tordesilhas deviam ser espanhóis, eram cedidos à Portugal. Igualmente, os territórios do interior do Brasil atual, o que corresponde basicamente ao atual Centro-Oeste, também eram entregues à coroa portuguesa. Sabendo-se que o centro dinâmico da economia brasileira atual é o agronegócio desta região, entende-se a importância da atuação de Alexandre de Gusmão no longínquo século XVIII para o nosso país hoje.

Mas esta troca ainda se estende a outros territórios: grande parte da atual Amazônia brasileira devia ser da Espanha, mas tinha sido ocupada em larga medida por aldeamentos jesuítas ao longo do processo colonizador. Utilizando o argumento do *utis possidetis* e do sólido conhecimento que tinha dos mapas da região, aliás, conhecimento este que deita raízes profundas na cartografia portuguesa desde o início da navegação, Alexandre de Gusmão conseguiu que a Espanha cedesse tais territórios ao Brasil. Apesar de ser ainda uma colônia portuguesa, tal feito impacto o futuro país independente e é a origem de boa parte da Amazônia como território brasileiro. Hoje ponto de grande atenção no papel internacional do Brasil na atual crise climática, é mais uma herança deste nosso primeiro diplomata.

Porém, tais ganhos tinham um ponto de discórdia: ironicamente, um ponto em que as duas Coroas em disputa estavam de acordo.

O leitor talvez nunca tenho ido à região dos Sete Povos das Missões. Um amplo território em grande parte no norte do atual estado do Rio Grande do Sul, cuja origem eram aldeamentos indígenas fundados por jesuítas. Tais territórios eram em área da Espanha, mas tinham sido entregues pelo tratado de Madrid a Portugal. Porém, apesar da anuência espanhola, os jesuítas simplesmente não queriam ser retirados dali. Mas era essa a exigência portuguesa do tratado, pois a povoação da região devia ser dada à Coroa portuguesa. O projeto jesuíta de ocupar, colonizar e construir verdadeiras cidades naquela região obedecia a uma lógica que não era estatal, mas religiosa. Quase como uma geografia-teológica, a proposta era um verdadeiro país independente dos poderes reais, tanto portugueses quanto espanhóis, e submetido unicamente ao poder jesuíta. Tal ambicioso projeto não passou despercebido dos reis europeus.

O século XVIII foi assim chamado como "século das Luzes". Faz parte de um processo de racionalização e de ampliação do conhecimento científico do qual nossa época é herdeira em linha direta. E, ao mesmo tempo, politicamente, indica um declínio relativo do poder da Igreja, substituído por um domínio cada vez maior do Estado como fonte legitimadora da identidade nacional. É nesse momento que os dois reinos, Portugal e Espanha, assumem que um amplo domínio territorial jesuíta na América, justamente em uma área tão disputada e sensível de fronteira, não podia continuar a existir. As chamadas "guerras guaraníticas" foram um raro momento em que tropas das duas Coroas se uniram para combater um inimigo em comum. O resultado foi a expulsão dos jesuítas, a definição final das fronteiras naquela região e um massacre da população indígena, que lutou ao lado dos jesuítas. Para além das belas paisagens que aquela região oferece ao turista, há uma memória triste que precisa ser preservada. E também um tema que aparece em vários momentos da arte, desde a literatura, na obra épica "O Uruguai", de Basílio da Gama, até o filme "The Mission", de 1986.

Para finalizar estes temas sobre a política externa durante o período colonial, a pergunta que poderíamos fazer e talvez espante o leitor é: o Brasil é uma ilha? Claro que não, como podemos ver no mapa e compararmos com outros países como o Japão ou a Islândia. Mas veja com atenção a posição do Brasil no mundo. Um enorme litoral que é a linha divisória do território brasileiro mais visível. Mas na parte terrestre, uma outra enorme fronteira que, se examinada com atenção, é em larga medida feita por rios. Assim, podemos dizer que o elemento água recorre todo o território brasileiro, inclusive no interior. O atento Alexandre de Gusmão era conhecedor dos mapas detalhados que acumularam anos e anos de expedições e conhecimentos destes cursos d'água. O Brasil seria, portanto, em suas fronteiras, uma ilha separada dos outros territórios espanhóis. Um argumento ainda a reforçar nossa identidade territorial e cultural. Quase como uma profecia que se cumpre: da ilha de Vera Cruz, o primeiro nome dado à terra "descoberta" até o tratado que forma parte da fronteira de um país que estava já ensaiando deixar de ser colônia e aspirar a ser uma nação.

4 HISTÓRIA DA POLÍTICA EXTERNA NO BRASIL-IMPÉRIO

4.1 JOSÉ BONIFÁCIO E A INDEPENDÊNCIA – UMA IMAGEM DO BRASIL IMPÉRIO

Como construir um país?

Esta pergunta não é trivial e muito menos teórica. Na prática, durante o processo de independência, a liderança política brasileira enfrentou exatamente este dilema. É o que veremos agora.

Há uma conexão aparentemente inusitada entre duas cidades do Brasil: Areia, na Paraíba, e São Paulo. O que une as duas cidades? Um personagem fascinante, mas pouco estudado: Pedro Américo. É praticamente certo que o leitor conheça sua obra mais importante, o quadro Independência ou Morte, hoje em exibição no Museu Paulista, mais conhecido como Museu do Ipiranga. Quadro monumental, é a representação mais forte do imaginário da nossa ruptura com Portugal e não raro as aulas de História do Ensino Médio são dedicadas em boa parte em desconstruir esta imagem, mostrando o quão idealizada ela é.

Toda pintura dita "histórica" é uma idealização. Uma representação simbólica não do que realmente aconteceu, mas da memória que se quer perpetuar. E nesse sentido, Pedro Américo segue a mesma linha de grandes pintores do século XIX que criaram imagens para dar um sentido a certo momento histórico. Construir um país é criar uma série de símbolos sobre este país.

E não à toa, outro importante personagem brasileiro da independência, José Bonifácio, também o fez: o nome oficial do Brasil em sua independência era uma dessas construções: Império do Brasil. Mas por que o nome Império?

Império é um conjunto de povos, de etnias, línguas e costumes diferentes, cujo poder central pertence a um imperador, um líder que exerce poder sobre um território abrangente e sobre uma coleção de identidades. Pense no Império Romano e nas muitas línguas e culturas que ele abarcava. Mas o Brasil era um Império?

Pense agora no tamanho do território brasileiro e nas muitas diversidades étnicas, culturais e regionais. José Bonifácio imaginou de fato que o Brasil não era, nem podia ser um reino, mas um império: muito maior que a Europa inteira. Portanto, império pressupõe unidade em uma diversidade. Tal era o desafio a ser solucionado pelos formuladores desse país.

Verdade que as fronteiras estavam mais ou menos pacificadas desde o trabalho de Alexandre de Gusmão. Mas evitar que estas mesmas fronteiras se dissolvessem em vários países era um trabalho quase impossível, sem os meios de comunicação físicos ou de informação que nós temos hoje. De fato, o tema integração nacional foi, e em parte ainda é, um tema relevante na administração do Brasil.

Foi com uma construção simbólica que José Bonifácio fez este desafio ser superado: tínhamos um imperador e não apenas um rei.

Do ponto de vista político, a independência segue uma lógica internacional muito precisa: a expansão do poderio inglês no século XIX. Poucos países do mundo tiveram tanto poder como a Inglaterra naquela época, a tal ponto do século ser chamado de *Pax Britannica*, em conexão com a *Pax Romana*, período de máximo poder daquele império na antiguidade. E os interesses ingleses em relação ao Brasil eram ambíguos, como veremos.

Primeiro, havia uma pressão pela abolição da escravidão. Pressão essa que tinha múltiplos interesses. Como maior mercado produtor de manufaturas, a Inglaterra precisava da ampliação dos mercados consumidores em todo o mundo, incluindo as colônias da América que tinham na escravidão sua maior força de trabalho. Havia também uma pressão interna dos industriais ingleses, que competiam com os traficantes de escravos, muitos deles ingleses, aliás, por capitais para financiamento. Dado que o tráfico de escravos era lucrativo e tinha baixa margem de risco, quem decidia abrir uma fábrica na Inglaterra ou ampliar a sua se via em desvantagem. Abolir a escravidão fora da Inglaterra implicaria em ampliar acesso ao capital que podia financiar ainda mais as indústrias. E, por último, a pressão da opinião pública inglesa, horrorizada com a escravidão que era em grande parte financiada pelos seus bancos privados. Como se tratava de um sistema parlamentar, embora não uma democracia plena como nós hoje conhecemos, já que setores da sociedade inglesa não votavam, como as mulheres, imprensa e eleições exerciam pressão sobre o parlamento britânico. E os jornais ingleses noticiavam cotidianamente a escravidão. Tal pressão da sociedade não era desprezível.

Fato é que o tema abolição fará parte da política externa brasileira por quase todo o Império e a Inglaterra será parte integrante deste processo.

Mas há como falamos uma ambiguidade inglesa sobre o Brasil: por um lado, a pressão para abolir a escravidão. Por outro, o desejo do país ser independente e sair da órbita das antigas metrópoles ibéricas. A Inglaterra será um artífice atuante na independência de toda a América Latina. Mas não só ela.

Havia uma potência ascendente naquele momento: os EUA. Em expansão territorial para o oeste e em acelerada industrialização, os americanos tinham como evidente suas pretensões em ter no continente sua área de influência preferencial. Este fato é demonstrado por uma doutrina construída no governo de James Monroe e que leva seu nome.

Julgarmos propícia esta ocasião para afirmar, como um princípio que afeta os direitos e interesses dos Estados Unidos, que os continentes americanos, em virtude da condição livre e independente que adquiriram e conservam, não podem mais ser considerados, no futuro, como suscetíveis de colonização por nenhuma potência europeia [...]. (Mensagem do Presidente James Monroe ao Congresso dos EUA, 1823)

Nas primeiras décadas do século XIX não era evidente que os EUA seriam uma potência econômica e militar. Ao contrário, na verdade. Esta década é marcada pela derrota em definitivo de Napoleão e uma reorganização das monarquias europeias, muitas delas com claros interesses coloniais, e não seria impossível pensar uma recolonização da América, mas agora não por potências ibéricas já decadentes, como pelos novos atores econômicos na era da industrialização. Assim, os países americanos recém-independentes não tinham de fato assegurada a continuidade desta conquista política. Nasce aqui, ainda que remotamente, por enquanto, certa solidariedade hemisférica, ou como muito se resume este pensamento, "A América para os americanos", outro tema que será de longa duração na política externa do Brasil no futuro.

E, por último, no concerto das nações europeias da época, aquele que foi o maior incentivador das independências americanas, ainda que não necessariamente tenha sido este seu objetivo maior. Napoleão.

Ao invadir Portugal, provocou a fuga da família real para o Brasil, processo conhecido como interiorização da metrópole. Na prática, foi como se a capital da colônia Brasil fosse transferida para o Rio de Janeiro. Tal feito gerou várias revoltas regionais que teriam que ser contornadas, muitas vezes com violência, para manter-se a unidade do Império.

Não vamos nos aprofundar no processo de independência em si, mas no seu fato internacional: um país é independente quando a comunidade internacional também o reconhece. É este o ponto que vamos abordar, investigando as relações entre Portugal, Brasil, Inglaterra e EUA. Mas antes, vamos desfazer um ponto sempre muito comentado: qual foi o primeiro país a reconhecer a nossa independência?

É muito comum a informação de que foram os EUA, em 1824, com o fim das guerras entre Portugal e Brasil, que primeiro reconheceu nossa independência. Já sabemos a doutrina por trás deste processo e seus interesses.

Mas foram dois reis africanos, Osemwede, do Benin e Osinlokun, de Lagos, atual Nigéria, que primeiro reconheceram nossa independência, enviando diplomatas para o Rio de Janeiro. Este fato demonstra duas coisas: 1- a importância do tráfico de escravos para alguns reinos africanos. O Brasil era um sumidouro de almas africanas que eram violentadas já em seus reinos de origem, sendo uma das fontes da riqueza material destes reis. 2- o fato de este reconhecimento ser pouco estudado e mencionado lembra o quão distante é a memória das relações entre África e Brasil e o quão urgente é a reconstrução desta História. Para além das questões étnicas e culturais, há um enorme espaço para o estudo das relações diplomáticas África-Brasil que, como vemos, literalmente está no início do país independente.

Após o reconhecimento destes três países, o próximo pais a aceitar a independência foi Portugal, seguido pela Inglaterra. Este reconhecimento foi pensado para se manter o comércio entre Brasil e Inglaterra aberto, como estava desde D. João VI e, ao mesmo tempo, assegurar que os interesses diplomáticos ingleses estivessem bem e solidamente representados. Portugal exigiu uma indenização pela perda do Brasil, aliás aceita por D. Pedro I. O que parece contraditório que um país que perdeu uma guerra, peça indenização, na verdade, tem uma lógica muita clara: Dom Pedro era imperador do Brasil e igualmente príncipe herdeiro de Portugal, assim, os recursos poderiam bem servir a um futuro retorno dele ao trono, sem contar o fato do seu pai, D. João VI, ainda ser o rei daquele país.

O reconhecimento da independência marca o início do Brasil como um país de fato. Com um governo, uma constituição, uma bandeira, uma identidade. Todos, em construção e, portanto, não sem fortes contestações, internas e algumas externas. Será agora no II reinado que as tensões abolicionistas com a Inglaterra atingirão um ponto máximo.

Neste quadro do pintor Victor Meirelles, de 1864, um triunfante Pedro II, aclamado por populares, impõe sua postura diante de um quase submisso senhor que se vê no centro do quadro. Este senhor é William Dougal Christie, o embaixador britânico no Brasil naquela época.

Esta cena, idealizada como era norma na pintura histórica da época, é um ponto na longa e complexa teia de relações entre a maior potência da época, a Inglaterra, e o Brasil. Já vimos que o tema do tráfico de escravos era dominante naquela relação conflituosa. Tal tema literalmente quase chegou a uma guerra.

4.2 AS COMPLEXAS RELAÇÕES COM A INGLATERRA

Em 1845 o parlamento britânico aprovou uma lei, a *Bill Aberdeen*, que proibia o tráfico de escravos no Atlântico. Do ponto de vista do direito internacional atual, é uma aberração que uma nação possa legislar sobre um espaço geográfico além da sua jurisdição. Mas no século XIX a Inglaterra tinha capacidade militar de impor sua posição em praticamente o mundo inteiro. Após debates no parlamento brasileiro, aprovou-se uma lei chamada de Eusébio de Queirós, em 1850. Claramente, era uma resposta do governo brasileiro aos ingleses, pois esta lei proibia o tráfico de escravos, no caso, para o Brasil. Interessante notar que muitos parlamentares que não concordaram com a lei, usaram como argumento a soberania nacional, indicando que, se o Brasil aprovasse uma lei como essa, seria um sinal de "fraqueza" e "submissão" aos interesses ingleses. Argumento nacionalista que, na prática, escondia os interesses de importantes negociantes de escravos, que desejam a manutenção deste infame comércio. E dos proprietários de fazendas de café, que temiam uma falta de mão de obra. Como se vê, nem sempre um argumento nacionalista ou uma suposta "defesa de interesses nacionais" pode ser vista como algo positivo em relação à nossa estrutura social ou econômica.

Dentro do parlamento brasileiro, havia uma tendência de tentar apaziguar a Inglaterra. Afinal, proibindo-se o tráfico negreiro, acelera-se também uma transição, há muito desejada por vários intelectuais e pela imprensa brasileira, para o trabalho assalariado. Porém, o resultado prático foi o aumento do contrabando de escravos, o que evidentemente era o que a Inglaterra não desejava.

Dois incidentes alguns anos posteriores a estas duas leis demonstraram a pressão inglesa sobre o Brasil. Um navio saído do porto de Glasgow e com destino final Buenos Aires encalhou na costa do Rio Grande do Sul, no ano de 1861. A carga tinha sido aparentemente saqueada e houve a suspeita de assassinatos, pelo fato de alguns corpos terem sido encontrados na praia. Na prática, não se sabe se houve mesmo estes atos, porque a região onde o navio encalhou era famosa por ser de difícil navegação e um possível naufrágio poderia ter acontecido. A investigação feita pela polícia local não chegou a nenhuma conclusão determinada, fato que irritou o cônsul britânico no Rio Grande do Sul, Henry Prendergast Vereker, que comunicou o fato ao embaixador no Rio de Janeiro, Christie.

Este exigiu um pedido de desculpas do Imperador e uma indenização pela carga. Ambos, negados por Pedro II.

Em 1862, ainda sob os efeitos da não-solução do problema anterior, outro incidente viria a azedar ainda mais as relações entre os dois países. No Rio de Janeiro, um grupo de marinheiros ingleses tinha sido preso pela polícia local após uma discussão, muito provavelmente motivada pelo excesso de consumo de álcool dos tripulantes do navio. O incidente, de menor gravidade, era apenas mais um ponto de discórdia entre Pedro II e o embaixador britânico Christie, que igualmente exigiu pedido de desculpas. Para ele, a prisão de um cidadão inglês no Brasil devia obedecer aos tratados que tinham sido assinados ainda por D. João VI e ratificados por Pedro I, que diziam que cidadãos ingleses no Brasil deviam ser julgados pela lei inglesa. De novo, Pedro II não aceitou os termos do embaixador.

Ato contínuo, a marinha britânica tomou cinco navios brasileiros ancorados no porto do Rio de Janeiro e bloqueou a entrada de qualquer outra embarcação. Era a Inglaterra dando uma demonstração da sua posição militar.

O Brasil podia retaliar militarmente ou propor uma solução negociada. Fato é que Pedro II tinha neste momento um imenso apoio popular, já que para a maioria das pessoas, os atos ingleses eram vistos como arrogantes e belicosos.

No parlamento brasileiro e na opinião de Pedro II, era necessário evitar uma possível guerra com a Inglaterra. Não apenas pela muito provável derrota militar, mas porque uma guerra com uma derrota futura podia resultar em algo ainda pior: a definitiva abolição da escravidão no Brasil, imposta pela Inglaterra.

Pedro I e o parlamento britânico concordam com a resolução negociada do conflito. Antes da criação dos organismos multilaterais como a ONU, era comum que dois países em disputa chamassem um terceiro, neutro, para ser um árbitro. De antemão, concordavam em aceitar a resolução proposta, seja vencedora ou perdedora para um dos lados. O rei Leopoldo I da Bélgica foi o escolhido. Imagine o leitor a possibilidade de derrota brasileira: afinal, era um rei europeu, atuando como árbitro de um conflito entre a maior potência mundial e um país sul-americano escravocrata. Ainda mais certa era a derrota, pois Leopoldo I era tio da rainha Vitória da Inglaterra.

A verdade era que Leopoldo I era representante da família Saxe-Cobugo-Gota, que também tinha relações dinásticas com Maria II, irmã de Pedro II, e que tinha sido rainha de Portugal após a morte de D. Pedro I em Portugal (naquele país, D. Pedro IV). Ou seja, os laços familiares de Leopoldo I o ligavam tanto à rainha Vitória, quanto à Pedro II. E como este era considerado na Europa como um rei respeitado e único representante de uma monarquia em toda a América, a posição política de Pedro II estava longe de ser desprezível.

Pedro II pagou antecipadamente a quantia pedida pelos ingleses de indenização. E, talvez não tão surpreendentemente assim como vimos, ganhou a causa. Desnecessário dizer o espanto e a humilhação dos ingleses com a decisão. A pergunta agora é: eles aceitaram pedir desculpas e devolver a quantia paga por Pedro II antecipadamente? Não.

É exatamente esta a temática nacionalista do quadro de Victor Meirelles, que naquela imagem retrata a expulsão do embaixador Christie do Rio de Janeiro e o rompimento das relações diplomáticas entre Brasil e Inglaterra. Uma vitória moral brasileira? Vejamos: o tema central das tensões entre os dois países era o tráfico de escravos. Podemos, portanto, questionar esta vitória como um tema a ser realmente comemorado.

O resultado final da Questão Christie se deu em 1865, já no início da Guerra do Paraguai. O novo embaixador britânico Thornton reuniu-se com Pedro II e a rainha Vitória emitiu um pedido de desculpas formais ao Brasil. A indenização paga antecipadamente por Pedro II e que, pela decisão do rei Leopoldo I da Bélgica, devia ser devolvida ao Brasil, não foi restituída pelos ingleses. Este fato foi aceito pelo parlamento brasileiro e pelo próprio imperador. Afinal, a Guerra do Paraguai já tinha começado e era necessário obter créditos da bancos ingleses para a compra de armamentos.

4.3 GUERRA DO PARAGUAI: O MAIOR CONFLITO MILITAR EM TERRITÓRIO BRASILEIRO

Para explicar em detalhes a Guerra do Paraguai seria preciso um livro específico sobre o tema. Tema esse, aliás, que ainda desperta polêmicas. Em linhas gerais, temos duas versões sobre a causa da guerra. Uma delas está descrita no livro Genocídio Americano, de Júlio José Chiavenato, obra de 1979, cujo tema central aborda o imperialismo britânico como causa central da guerra. O Paraguai era visto como um país em processo de acelerado desenvolvimento industrial, cujo líder, Solano López, propunha um modelo de desenvolvimento social e político autônomo, "livre das amarras do imperialismo britânico" e cujo resultado seria uma sociedade menos desigual, letrada e próspera na América Latina. Sob tal ponto de vista, o Paraguai seria um "mau exemplo" para os países da região e interessava sobremaneira aos ingleses a destruição deste país. Por isso, a guerra seria uma espécie de armadilha feita para que Brasil, Argentina e Uruguai, com armas e empréstimos ingleses, destruíssem o Paraguai.

Tal versão ainda é mais ou menos corrente nas aulas e algumas obras do ensino médio. Há apenas um pequeno problema com ela. Não há sequer documento que comprove sua veracidade.

História não é uma ciência exata no sentido laboratorial da palavra. Diferente da Química ou da Física, na qual equações que expressam experimentos são colocadas à prova com resultados mensuráveis e precisos, História, como outras Ciências Humanas são motivadas por pontos de vista, visões de mundo e, portanto, mutáveis à medida que novos conhecimentos e interpretações são incorporados, debatidos e algumas vezes, desconstruídos. Porém, se tal posição é correta, História não pode ser uma área na qual apenas a opinião, desprovida de fatos que a sustentem, é válida. Não posso afirmar que as bombas atômicas de 1945 foram jogadas na China ou que Napoleão era alemão. Não é uma questão de opinião, mas de fatos.

Assim sendo, uma ampla revisão deste ponto de vista foi feita por alguns estudiosos da área de História e de Relações Internacionais. Merece destaque a obra Maldita Guerra, de Francisco Doratioto, de 2002, na qual o autor desfaz mitos sobre o tema. O Paraguai era na prática uma ditadura de Solano López e sua "modernização", na verdade, era apenas restrita ao campo militar, já que a maioria da população vivia no meio rural em condições sociais precárias. Nada parecido como uma suposta potência sul-americana a ser temida pelos ingleses.

Por outro lado, as causas da guerra fincam raízes profundas no próprio processo de formação territorial dos países envolvidos, Brasil, Uruguai, Argentina e Paraguai. Vimos como as fronteiras brasileiras foram relativamente bem resolvidas pela diplomacia ainda na época da colônia. Mas o cone sul era motivo de intensas disputas, tanto territoriais como políticas. Muitas dessas disputas internas acabavam por se ligar a temas de política externa. O Uruguai é um foco desta tensão que desemboca, por vários caminhos, no conflito.

Na década de 1860, as disputas internas no Uruguai eram intensas: basicamente, havia dois grupos, os colorados e os blancos. O Uruguai tinha uma instabilidade política crônica e suas disputas políticas eram quase sempre resolvidas por golpes de Estado. Os blancos foram eleitos em 1860 para o governo daquele país, mas Brasil e Argentina apoiavam o partido colorado por um importante motivo: este grupo mantinha uma posição de livre navegação no rio da Prata e naquela época as redes de comunicação terrestres eram muito precárias, basicamente pouco melhores, ou talvez nem isso, que as do início da época colonial. Basicamente todo o centro-sul do Brasil dependia da bacia do Prata para exportar qualquer produto, inclusive, o que parece estranho, para "exportar" para outras partes do Brasil. Isso mesmo, um produto como gado do centro-oeste (naquela época ainda não era uma grande área produtora como é hoje) só podia chegar ao maior mercado consumidor, o Rio de Janeiro, via marítima, saindo do porto de Buenos Aires e chegando por mar. A navegação pelo Prata também era vital para a economia da Argentina, já naquela época um importante exportador de gado. Como se vê no mapa, o porto de Buenos Aires divide suas águas com a costa uruguaia e foi motivo de fortes tensões desde a fundação da colônia de Sacramento, como vimos anteriormente. O equilíbrio geopolítico indicava que os três países, Uruguai, Argentina e Brasil, tinham que concordar com esta liberdade de navegação, caso contrário, a guerra entre eles seria inevitável. Curioso que justamente o Paraguai, que estava fora deste equilíbrio, pelo menos inicialmente, foi o fator que acabou por desencadear o conflito.

Solano López do Paraguai queria ter o apoio do partido blanco do Uruguai porque imaginava neste grupo um forte suporte às suas pretensões de também manter a livre navegação no Prata. Quando viu o partido blanco ser deposto do poder por (mais um...) golpe de Estado, com participação de tropas brasileiras, aliás, Solano imaginou uma conspiração contra ele: colorados uruguaios, Argentina e Brasil iriam manter a livre navegação no Prata apenas para eles, excluindo o Paraguai.

Tal fato iria acontecer? Não há documentos que atestem isso, mas sentindo-se ameaçado, Solano López atacou. Há que se citar que o Paraguai era uma antiga região da província do Prata, região esta que basicamente deu origem à Argentina. O governo argentino tinha pretensões de reincorporar o Paraguai ao seu território? Esta é outra possibilidade que pode ter motivado Solano López a iniciar o conflito, já que ele mesmo também queria um aliado seu na presidência argentina, sem sucesso.

Após invasões bem-sucedidas no Mato Grosso e na Argentina, as tropas paraguaias começaram a perder terreno e foram virtualmente derrotadas pela Marinha brasileira que aniquilou a Marinha paraguaia na batalha do Riachuelo, fato até hoje lembrado por um importante quadro do pintor Victor Meirelles, hoje no Museu Histórico Nacional do Rio de Janeiro. A seguir, a guerra tornou-se um lento e desgastante combate em terras alagadas e pantanosas, com imenso sofrimento humano principalmente da população civil paraguaia, em sua maioria, aliás, descendentes de nativos guaranis, que foram desalojados de suas roças, quando não forçados a lutar por Solano López. Infestações de tifo e outras doenças agravadas pelo fome foram motivo de espanto e horror, até mesmo entre os militares. E foi em 1870, com o fim da guerra, que o terrível saldo humano da guerra foi amplamente conhecido, até porque nesta guerra houve uma ativa participação da imprensa, que noticiou não só os fatos das batalhas, mas usou uma nova tecnologia em expansão naquela época, a fotografia, para divulgar o cotidiano dos soldados e dos civis. O resultado em termos de relações públicas foi amplamente negativo para o Império brasileiro: apesar de vitorioso, os pesados empréstimos que o Brasil teve que contrair para a formação de uma força militar efetiva e as mortes decorrentes do conflito causaram grande desgaste para Dom Pedro II. Até o líder das tropas brasileiras, Duque de Caxias, recusou-se a permanecer no campo de batalha até o final do conflito, denunciando a irracionalidade da guerra, que foi, teimosamente, levada até o final por Dom Pedro II, que se recusava a ter a iniciativa de pedir a paz. Em sua visão, Solano López devia ser preso e levado a julgamento no Brasil, por ter invadido o país. Solano López morreu em batalha, para alguns de forma heroica, embora, na prática, por erros políticos sucessivos e por ser um ditador sem nenhum tipo de freios e contrapesos do sistema democrático, ter levado seu país à ruína.

O maior conflito da América do Sul deixou um outro importante saldo, desta vez na política interna: a ativa participação de escravizados nas forças armadas brasileiras. Eram convocados à força e após a guerra, voltavam para casa em uma posição social estranha a eles: libertos, soldados, mas vistos como escravos. O exército brasileiro teria que absorver esta população em suas fileiras, enfrentando o tema da abolição, que, como vimos, era um tema ativo nas disputas entre Inglaterra e Brasil. O Império brasileiro, todo ele fundado na escravidão, não conseguiria se manter adiando este tema tão importante. Seus dilemas foram a causa de sua queda.

4.4 RIO BRANCO E A CONSTRUÇÃO DE UMA POSIÇÃO INTERNACIONAL

O leitor deve ter se deparado alguma vez com alguma avenida chamada Rio Branco. Ou outro marco geográfico, como uma praça. É também provável que o nome Instituto Rio Branco, que já foi citado neste livro, seja a referência em formação de diplomatas do Brasil. É até difícil entender plenamente a importância deste nome na construção da posição internacional brasileira até os dias de hoje. E desde já, para o leitor mais ávido, aconselho boas e amplas biografias detalhadas deste cidadão brasileiro que com certeza, deixou uma marca na história da diplomacia mundial.

Devemos enquanto nação tanto a Rio Branco como a Alexandre de Gusmão na formação de nossas fronteiras. E a Rio Branco devemos a posição política que, em linhas gerais, é a que o Brasil segue até os dias de hoje.

José Maria da Silva Paranhos Júnior, nascido e falecido no Rio de Janeiro, entre 1845 e 1912, formou-se em Direito.

Cursando inicialmente a prestigiosa Faculdade de Direito do Largo São Francisco em São Paulo, mais tarde incorporada à USP, terminou seu curso na faculdade de Direito do Recife. Teve atuação no jornalismo político na capital federal, Rio de Janeiro e era filho de um importante político do Império, o Visconde do Rio Branco, de onde retirou seu posterior título nobiliárquico e que, ele também, teve destacada atuação diplomática em temas da região do Prata, antes e durante a Guerra do Paraguai. Era um homem de estrita confiança de Pedro II. Mas foi filho conseguiu ir mais além na atuação diplomática.

Iniciando sua carreira na Inglaterra, em 1876, permaneceu como ministro das Relações Exteriores do Brasil durante 4 mandatos presidenciais seguidos, feito nunca igualado, e ainda mais notável, pois como podemos ver pelo seu próprio título, era um monarquista convicto. Apesar de, a partir de 1889, o Brasil ter proclamado a República, os diversos presidentes seguintes mantiveram Rio Branco no cargo, pois tinham consciência da capacidade técnica da sua atuação.

Em linhas gerais, podemos afirmar que Rio Branco teve uma atuação fundamental em entender a nova configuração do mundo naquele final do século XIX e início do XX: a ascensão econômica dos EUA e a necessidade do Brasil de buscar pontes com aquela nova potência. Pode-se dizer que Rio Branco inaugura certa "americanização" da política externa brasileira. Mas deve-se entender esta palavra com a complexidade que ela exige. Não se trata de um alinhamento automático a tudo o que era de interesse norte-americano, mas um entendimento de que a nova potência hegemônica, os EUA, eram uma força no continente americano da qual o Brasil tinha que se relacionar de modo coerente, com interesses de longo prazo. Uma mudança profunda, aliás, já que desde a época colonial nossos interesses estavam ligados às potências europeias. Rio Branco define a atuação brasileira na diplomacia como "americana", no sentido continental, sendo neste espaço geográfico que o Brasil teria que exercer liderança ou pelo menos, disputá-la, de forma preferencial. Embora nos dias de hoje, cem anos depois, tal posição seja considerada lógica, para a mentalidade da época, fortemente ligada à Europa até pela herança colonial e cultural brasileira, esta mudança foi bastante significativa. Guardadas as diferenças enormes, e desde já colocando como uma comparação limitada por serem diferentes os contextos, pode-se tratar como paralela a ascensão da China e o novo posicionamento de política externa que o Brasil deve ter diante desta realidade no final do século XX e início do XXI, com a mudança efetuada por Rio Branco, mas desta vez, em relação aos EUA.

Outro aspecto que devemos diretamente a atuação do Rio Branco foi a criação de um corpo de diplomatas profissionais, capacitados como carreira de Estado e não como meros agentes dos desejos do governante. Não deixa de ter certa ironia que um monarquista como ele tenha trabalhado no início da República exatamente para dar a este regime certo padrão de estabilidade que era necessário, e ainda é, para uma política de longo prazo. Vimos como é estruturado o Itamaraty e o modo como é construída a burocracia estatal que trata da política externa. Foi Rio Branco que criou tal estrutura. Uma diplomacia como carreira de Estado é elemento chave para dar credibilidade a atuação de um país no âmbito externo. E neste ponto, a diplomacia brasileira é reconhecida até hoje. Sem sombra de dúvida, Rio Branco ainda tem sua herança positiva mais de cem anos depois de sua morte.

Convido o leitor a percorrer as artes e a cultura nacionais. Verá o destaque que diplomatas tiveram nas mais diversas áreas, notadamente na Literatura. Nomes como João Cabral de Melo Neto, João Guimarães Rosa, Vinícius de Moraes, para ficar apenas em alguns selecionados, todos tiveram carreira diplomática.

Na época da formação do Itamaraty, Rio Branco chamou para trabalhar com ele intelectuais do porte de Joaquim Nabuco, o primeiro embaixador brasileiro nos EUA, um dos maiores abolicionistas que o Brasil já teve. Também Euclides da Cunha, autor da obra Os Sertões, trabalhou na comissão de demarcação da fronteira Brasil-Peru. Como se vê, o Itamaraty desde seu início tinha uma geração de brilhantes mentes a serviço do Brasil.

A atuação propriamente pessoal de Rio Branco na definição de fronteiras que ainda estavam em contestação foi principalmente no Norte. A primeira foi conhecida como questão do Amapá e envolveu a criação de uma sólida argumentação sobre terras em disputa com a França, na região fronteiriça com a Guiana Francesa. Após um sério incidente na região que gerou um ataque francês a terras brasileiras, com mortes envolvidas em ambos os lados, mas principalmente brasileiros, Rio Branco conseguiu um acordo com a França, tendo sido a Suíça o país árbitro da disputa. Lembramos que antes dos Organismos Internacionais como a ONU serem criados, eram comuns os casos de arbitramento envolvendo três países. A fronteira norte do país foi reconhecida em 1897, através de um tratado assinado entre as partes. A expressão muito comum "do Oiapoque ao Chuí" pode ser entendida a partir deste fato, já que o extremo norte do Brasil é justamente o rio Oiapoque, fronteira essa definida pela atuação de Rio Branco. (Chuí é o rio que marca a extrema fronteira sul). (OBS.: geograficamente, porém o extremo norte do país hoje é a região do Monte Caburaí em Roraima, fato esse descoberto mais recentemente, com o apoio de novas tecnologias de mapeamento).

Outro ponto da atuação de Rio Branco foi a grave questão do Acre. A região do hoje estado do Acre pertencia à Bolívia e era foco de grande interesse econômico a partir do aumento do preço do látex, a matéria prima da borracha. Com a produção automobilística em série nos EUA demandando mais pneus, a borracha teve uma expansão no mercado internacional e vários seringueiros brasileiros passaram a atuar para extrair o produto em terras bolivianas, o que gerava conflitos violentos. Rio Branco atuou para comprar a região e definir um acordo que permitisse à Bolívia o acesso ao mar, via construção de uma ferrovia, a Madeira-Mamoré, ligando a região de exploração do látex ao rio Amazonas. Foi o Tratado de Petrópolis, assinado em 1903. O valor da compra foi de 2 milhões de libras esterlinas. O estado do Acre foi incorporado ao Brasil e não à toa sua capital é exatamente a homenagem a este nome fundamental da diplomacia: Rio Branco.

Rio Branco faleceu em 1912 e seu funeral teve grande impacto na cidade do Rio de Janeiro. Mesmo as pessoas com menor instrução sabiam da prevalência daquele cidadão na formação do Brasil enquanto país. Ele marca também a transição definitiva do Brasil Império para o Brasil república no tocante à política externa. Novos temas e novas configurações mundiais eram agora tarefa do novo regime que se afirmava. Preferimos colocar Rio Branco no capítulo do Império, embora cronologicamente sua atuação mais destacada tenha sido na República, porque sua atuação teve raízes na Monarquia. Mas agora devemos analisar como a mudança de regime e a alternância republicana vai afetar a política externa brasileira nos mais diversos conflitos do século XX.

5 HISTÓRIA DA POLÍTICA EXTERNA BRASILEIRA – REPÚBLICA ATÉ 1945

5.1 DIPLOMACIA ENTRE AS OLIGARQUIAS E O GOVERNO VARGAS

A posição do Brasil durante os anos da chamada república das oligarquias foi, como vimos, fortemente influenciada pelas propostas de liderança regional, acordos e tratados baseados na argumentação e no alinhamento, nunca automático importante ser dito, com os EUA, no fortalecimento da posição do Brasil como líder regional pacífico e estável. Esta foi a herança de Rio Branco e ela manteve-se mesmo após seu falecimento.

Pode-se dizer que o primeiro teste nesta política foi a I Guerra Mundial, de 1914 a 1918. Aliás, é fundamental dizer que o século XX foi marcado por esta desconcertante característica: nunca a Humanidade teve tantos avanços tecnológicos nas mais diversas áreas e nunca o padrão de vida de grandes parcelas da população mundial foi tão alto. Ao mesmo tempo, nunca houve conflitos tão violentos e com tantas mortes como foram as duas guerras, aliás, intimamente ligadas.

Na I Guerra o Brasil teve participação mais limitada do que na II, como veremos mais adiante. Mas é importante dizer que o Brasil foi instado a entrar para a I guerra de maneira muito semelhante ao que seria, anos mais tarde, na II. Submarinos alemães afundaram navios cargueiros brasileiros em mares europeus, já que na estratégia alemã, qualquer envio de carga para a Inglaterra ou França, seus inimigos, era visto como um alvo legítimo. Ressalte-se que dentro desta mesma estratégia, navios americanos também foram atacados, levando aquele país a igualmente entrar na guerra, no ano de 1917. Mais um sinal do alinhamento de interesses entre EUA e Brasil, embora neste caso, a posição alemã tenha praticamente forçado uma declaração de guerra dos dois países.

O Brasil enviou à Europa médicos e enfermeiros, aviões e principalmente, navios de guerra. Em um episódio comumente contado como anedota, navios de guerra brasileiros em patrulha no estreito de Gibraltar atacaram um cardume de toninhas, uma espécie de pequena baleia, imaginando ser um submarino alemão. Esta anedota, não tão risível sob o ponto de vista das toninhas, claro, é comumente contada como forma de denegrir a Marinha brasileira e por extensão, as Forças Armadas e era muito comum como versão ridícula durante os anos do Regime Militar pelos críticos daquele governo. O ponto a se atentar é que este tipo de confusão era comum até épocas bem posteriores ao episódio, antes do advento de modernas tecnologias de detecção de alvo e sonares. Pode-se acrescentar também que foi no mesmo período da I Guerra que o conhecido poeta Olavo Bilac foi um entusiasta da criação do serviço militar obrigatório, até então inexistente no Brasil. Quando o Brasil entrou na guerra, seu ponto de vista foi amplamente saudado pelas forças militares brasileiras da época. Bilac era um entusiasta da França e da cultura francesa e para ele, a guerra contra a Alemanha era uma versão de uma guerra entre a barbárie e a civilização. Não podemos concordar com Bilac nesta simplificação dos conflitos que levaram à I Guerra, mas com certeza seu ponto de vista poderia ser estendido, desta vez com maior veracidade, aos acontecimentos da II Guerra.

Em 1930 sobe ao poder no Brasil, Getúlio Vargas. Sua ideia era reforçar a centralização do Estado, superando o que para ele e muitos de sua geração era uma excessiva descentralização nacional. Esta visão não se choca com os princípios de política externa profissional e de longo prazo criados por Rio Branco. Mas há um ponto em que o Brasil e o governo Vargas vão ser levados a tomar decisões complexas e nada fáceis.

A II Guerra mundial, 1939-1945, é em grande medida uma continuação da I. Mas se os conflitos básicos se repetiam, o governo brasileiro era outro. Vargas, às vésperas da II Guerra, já tinha dado um golpe de Estado autoritário, o golpe do Estado Novo em 1937, e seu governo tinha certa inspiração fascista. Leis trabalhistas, uma das mais celebradas heranças de Vargas, eram uma quase cópia das leis do regime fascista. O culto ao líder, a censura e a propaganda tinham evidente inspiração nazifascista. À luz dos documentos recentes, Vargas, ele mesmo, nunca foi um ativo simpatizante do nazismo ou da figura de Hitler, mas utilizava, como um ditador, técnicas e o aparato repressor que aquele regime, e outros, igualmente autoritários, usavam. Contradição evidente: estávamos alinhados com os EUA em uma posição americana, mas éramos um regime com aspectos fascistas.

Esta contradição também foi explorada por membros do governo, alguns, poucos é verdade, simpáticos ao nazi-fascismo. Por outro lado, deve-se ressaltar que um dos nomes de maior confiança de Vargas era o também gaúcho Oswaldo Aranha. Embaixador brasileiro em Washington, foi o líder da delegação brasileira na ONU no pós guerra e é lembrado por sua atuação naquele organismo pela criação do estado de Israel em 1948. Não há dúvidas de que Oswaldo Aranha tinha aversão ao nazi-fascismo. Como se vê, o próprio governo Vargas era dividido em relação a esta escolha que opôs naquela época estas duas opções de Estado: democracia ou autoritarismo.

Quando a II guerra começou, em 1939, o Brasil permaneceu neutro. O mesmo se pode dizer dos EUA. Mas estes, já como uma potência não mais ascendente, tinham consciência de que, assim como ocorreu na I Guerra, seriam levados a atuar também neste novo-velho conflito.

Vargas usou deste momento para barganhar algumas propostas que ele tinha. Seu modelo de desenvolvimento econômico tinha como pilar a construção de grandes indústrias de base, para fomentar uma industrialização que ele via como única condição do Brasil em se modernizar. Por isso, interessava a seu projeto de Estado a construção de uma siderúrgica no Brasil. Os EUA tinham sinalizado que poderiam ser os parceiros para esta empreitada que tanto agradava a Vargas. O empréstimo tinha sido assinado em 1940, antes, portanto, da entrada tanto do Brasil como dos EUA na guerra.

Por outro lado, havia certa sedução alemã em oferecer ao Brasil avançadas tecnologias militares da época. Um dos principais nomes da ditadura Vargas, o General Góes Monteiro, era um entusiasta do regime nazista, pelo menos no que toca às tecnologias militares, restando ainda dúvidas sobre sua simpatia integral à ideologia nazista. Esta ambiguidade manteve-se até o limite no ano de 1941.

Em dezembro de 1941 os EUA foram atacados pelo Japão no Oceano Pacífico. Imediatamente, os EUA entram na guerra contra a Alemanha e a Itália, aliados europeus dos japoneses. O alinhamento ideológico democracia X autoritarismo era reforçado agora pelo lado militar. Vargas, um ditador com aspectos fascistas e membros do seu governo germanófilos, tinha sólidos laços diplomáticos e econômicos com os EUA, democráticos. Ele iria à guerra? Mas por qual lado, Alemanha ou EUA? Vargas evitou inicialmente a declarar guerra à Alemanha, pois, apesar do já alinhamento econômico com os EUA devido à usina siderúrgica, a futura CSN que seria inaugurada em 1941, ele tentava manter seu equilíbrio dentro das próprias fileiras de seu governo. E, ao mesmo tempo, barganhar com os EUA outras vantagens.

Foi esta ambiguidade que virou até motivo de piada e, numa dessas inversões que parece ficção, posteriormente de orgulho. Era frase corrente que era "mais fácil uma cobra fumar do que Vargas declarar guerra à Alemanha".

Em janeiro de 1942, houve uma importante conferência no Rio de Janeiro, na qual vários presidentes e ministros de relações exteriores reafirmaram a opinião de que o continente americano era uma área fora da influência nazifascista. Destaque-se que o próprio presidente americano Franklin Roosevelt esteve no país. Era um movimento pouco usual por parte dos EUA, já que partia deles a iniciativa de buscar uma aproximação com os países latino-americanos. A partir deste alinhamento, que como vimos já tinha raízes mais profundas, entre EUA e Brasil, Vargas inclina-se, cada vez mais a entrar na guerra contra a Alemanha.

No ano de 1942, vários navios brasileiros foram atacados por submarinos alemães, na mesma lógica, agora ampliada para todo o Atlântico, que a Alemanha já tinha utilizado na I Guerra. De janeiro a agosto de 1942, data na qual o Brasil declara formalmente guerra ao Eixo (Alemanha, Itália e Japão), Vargas esteve sob intensa pressão. Foi particularmente chocante o afundamento do navio Baependi, com 270 mortos. O que era uma pressão externa americana agora somava-se a uma pressão alemã: não era mais possível o Brasil NÃO entrar na guerra pelo lado americano. Ou seja, a "cobra fumou".

Foi criada a FEB, Força Expedicionária Brasileira, cujo símbolo era exatamente este: uma cobra, fumando. O que era piada, agora virou orgulho. Mais de 20 mil soldados brasileiros ou como se dizia na época, "pracinhas", lutaram na Itália, enfrentando tropas nazistas que tinham ocupado aquele país para evitar uma terceira frente de invasão da Alemanha (as duas, uma ao leste, pela URSS e outra a oeste, depois do desembarque aliado na Normandia, França). Também foi criado um corpo da Força Aérea brasileira que atuou contra-atacando os mesmo submarinos alemães que tantas mortes tinham causado aos brasileiros. Aliás, mais de 600 civis brasileiros foram mortos nestes ataques, enquanto em torno de 450 soldados morreram em combate.

A FEB teve várias interpretações ao longo da História brasileira. Por motivos evidentes, foi sempre muito valorizada nos meios militares brasileiros. Embora não tenha sido a maior guerra da História do Brasil, esta foi a do Paraguai, foi a participação brasileira no maior conflito da História Mundial. Os pracinhas sempre foram vistos como heróis. Em outro momento da história brasileira, durante o Regime Militar, historiadores com uma tendência à esquerda do espectro político e, obviamente, críticos do regime, propuseram interpretações altamente críticas à FEB, muitas vezes levando aquele esforço de guerra ao ridículo. Em parte, segue a mesma linha da interpretação sobre o Brasil na I Guerra. Mais recentemente, sem os ranços dos dois lados, o heroísmo vago ou o seu extremo oposto, a ridicularização proposital, podemos entender as dificuldades daqueles pracinhas que, muitas vezes mal armados e treinados, tinham que lutar contra tropas alemãs em condições de neve e falta de suprimentos. É com muita dignidade que devemos lembrar que alguns pracinhas, oriundos de regiões pobres do Brasil e sabendo bem o que era passar fome, dividiam suas rações de comida com a população civil italiana, atingida duramente pela guerra, fato esse lembrado pelos sobreviventes e por seus descendentes.

O fim da II Guerra trouxe a contradição que Vargas mais temia: as forças armadas e parte da sociedade civil pressionou por sua renúncia, já que era incompatível a participação brasileira lutando ao lado da democracia e o próprio regime manter-se como uma ditadura. Poucas vezes na história do Brasil um evento externo teve tanta força na política interna, o que é compreensível, dado que é simplesmente o evento definidor do século XX. Vargas é deposto e na eleição seguinte, um general que teve participação na guerra foi eleito presidente, Dutra. O mesmo, aliás, ocorreu nos EUA, com o general Eisenhower ganhando as eleições em 1953, clara evidência da importância que as forças armadas tinham adquirido como referência política após um conflito de grande porte como foi a II Guerra.

Por fim, um dado cultural de longa duração. Até hoje, a memória do Brasil nos EUA ainda tem, entre suas imagens recorrentes, a figura carismática de Carmen Miranda. Essa imigrante portuguesa foi aos EUA e teve uma sólida carreira artística em Hollywood. Mas tal fato obedece a uma lógica de política externa. No desejo de aproximar-se da América Latina, o governo americano na administração Roosevelt planejou formas de conexão cultural. Um dos que foi chamado a colaborar foi o conhecido Walt Disney, que criou alguns personagens para atrair a atenção do público americano aos seus países aliados do sul. A maior herança desta iniciativa foi o simpático Zé Carioca. Por sua vez, Vargas incentivou a carreira internacional da talentosa Carmen Miranda, que também foi vista durante muitos anos como uma figura caricata e até mesmo embaraçosa para o Brasil. Hoje, podemos ver com a necessária distância histórica o quanto imagens e personagens se relacionam com política externa. Nos anos 90 do século XX, a China criou a diplomacia do panda, utilizando do simpático urso para estabelecer laços com o mundo, em um momento de sua abertura econômica e diplomática. Podemos dizer que as frutas na cabeça dançante de Miranda e o sorriso do papagaio Zé Carioca já antecipavam, em 50 anos, a importância da projeção de um país utilizando símbolos culturais.

6 HISTÓRIA DA POLÍTICA EXTERNA BRASILEIRA – REPÚBLICA NA ERA DA GUERRA FRIA

6.1 ALINHAMENTO E INDEPENDÊNCIA: O BALANÇO DAS RELAÇÕES EXTERIORES DO BRASIL

Há eventos na política internacional que simplesmente não podem ser ignorados. Mesmo um país que proponha uma posição singular no mundo, de não-alinhamento entre potências beligerantes, precisa tomar uma posição. Ainda que esta posição seja a de afirmar, exatamente, um não-alinhamento. O leitor deve estar confundido com este jogo de palavras, podemos aqui expor dois conceitos.

Não-alinhamento não significa não-posicionamento. Um país pode, diante de uma disputa entre dois outros países, disputa essa militar, geopolítica, econômica etc..., não se alinhar. Ou seja, afirmar uma posição de neutralidade ativa. Algo como uma posição firme, decisiva, de se opor à essa disputa entre esses dois países. Geralmente, isso ocorre quando o país tem interesses comuns nos dois países em disputa. Escolher um lado pode excluir vantagens de estar perto do outro lado. A terceira via, neste caso, deve estar firmemente ancorada em interesses de longo prazo do país que a escolheu.

Não-alinhamento é, portanto, muito diferente de uma não-posição. Quando um país escolhe não se alinhar em uma disputa, ele está escolhendo, de fato, uma posição. Mas quando um país simplesmente não toma uma posição e permanece apenas ambíguo, oscilando ora para um lado, ora para outro, emitindo sinais contraditórios, tal "posição" quase sempre é fruto de uma não-decisão de longo prazo. Ou seja, diante de um dilema, de uma disputa, o país em questão não sabe como se posicionar.

Como vimos no governo Vargas, a ambiguidade diante da escolha entre Alemanha nazista e EUA foi menor do que se pensa. Mas expressou dilemas dentro do próprio governo. Por fim, tomada a decisão, a posição de romper com a ambiguidade foi clara e direta: a participação do Brasil na II Guerra.

Após 1945 o mundo vivia outro dilema, igualmente agudo e definidor de posições: a Guerra Fria. As duas potências hegemônicas, EUA e a URSS, não só disputavam espaços geopolíticos no mundo, com bases militares em diversos pontos, principalmente na Europa, mas igualmente havia uma disputa de narrativas. De um lado, a liberdade individual e a democracia do sistema liderado pelos EUA, e de outro, a promessa de igualdade e um Estado que libertasse a classe trabalhadora, da URSS. Claro que narrativas nem sempre, ou, aliás, na verdade, quase nunca, representam fielmente a realidade. Mas são fundamentais para dar sustentação ao posicionamento dos países líderes nesta disputa.

Em nenhum momento o Brasil permaneceu ambíguo neste momento histórico. A aliança histórica do Brasil com os EUA, iniciada como vimos por Rio Branco, foi sempre um ponto de concordância. Havia, claro, entre alguns setores da sociedade brasileira, uma forte simpatia pela proposta comunista. Mas tal simpatia em nenhum momento chegou aos formadores da política externa brasileira. A aliança do Brasil no chamado mundo livre foi contínua, até o fim da Guerra Fria e a dissolução da URSS.

Um evidente exemplo disso foi o governo Dutra, que assumiu o poder após 1945, quando Vargas foi deposto do poder, pelos motivos que já examinamos. Dutra, que iniciava um período democrático após 15 anos de ditadura Vargas, tomou uma iniciativa que mostra esse alinhamento. Foi o primeiro presidente brasileiro a visitar os EUA. Ao mesmo tempo, rompeu relações diplomáticas com a URSS. E neste contexto de forte alinhamento com os EUA, o Brasil sediou a Conferência Interamericana de Manutenção da Paz e Segurança do Continente, cujo resultado final foi o TIAR: Tratado Interamericano de Defesa Recíproca. Em uma linha de defesa militar que, certo modo, lembra a OTAN, um ataque militar a um país membro será considerado um ataque a todos os membros. Era uma forma da potência hegemônica EUA assegurar que a região estivesse sob sua esfera de influência.

Há certa tensão, porém que começa a encontrar eco nos formuladores da política externa brasileira em relação aos EUA. Como vimos durante o governo Vargas, o Brasil recebeu apoio financeiro para sua industrialização, simbolizada pela CSN, enquanto participava das negociações para entrar na II Guerra. No pós-guerra, esse apoio financeiro diminuiu. O governo americano tinha um ambicioso plano de reconstrução econômica da Europa, o conhecido Plano Marshall, e aquela região era justamente a mais afetada pela destruição da guerra. Ao mesmo tempo, era igualmente a região onde a "ameaça comunista" era mais direta, não só pela presença física das tropas soviética dividindo o continente europeu com as forças americanas, mas pelas condições sociais e políticas desastrosas do pós guerra. Uma sociedade fortemente empobrecida poderia se deixar seduzir pela narrativa do comunismo. Para os EUA, a reconstrução econômica da Europa era fundamental para evitar isso. Por esse motivo, os capitais americanos foram enviados para a Europa, e também para o Japão, enquanto para a América Latina, uma região sem uma possibilidade clara de aliança com a URSS, era relegada uma posição menos importante.

No contexto do pós-guerra, a reconhecida conferência de Bretton Woods marcou a criação dos principais organismos internacionais, como ONU, OIC (precursora da OMC que não chegou a ser criada naquela época) e o Banco Mundial. Justamente essa a instituição que deveria cuidar da reconstrução dos países não-comunistas. O Brasil passava assim a disputar empréstimos com outros países, sem uma condição de acesso preferencial e direto, como fora durante o governo Roosevelt. Se do ponto de vista político e ideológico, Brasil e EUA mantinham laços fortes, do ponto de vista econômico, abria-se certo desapontamento: o Brasil teria que desenvolver sua economia a partir de si mesmo, com menos apoio americano do que se supunha.

Vargas volta ao poder em 1950 com um programa econômico mais nacionalista, mas ainda tenta em vários momentos barganhas com os EUA para financiamento de projetos de industrialização. Embora alguns projetos tenham sido apoiados por capitais americanos, a "menina dos olhos" do segundo governo Vargas, a Petrobrás, foi criada com capitais brasileiros, estatais, sem apoio direto dos EUA como foi a CSN. Como se vê, o alinhamento com os EUA não era isento de certos pontos de tensão.

Tais tensões adquirem especial interesse nos dois governos democráticos seguintes, Juscelino Kubitschek e Jânio Quadros.

É quase um lugar comum ver JK, como é conhecido o presidente, como o pai da indústria automobilística instalada no Brasil. O "presidente Bossa Nova", construtor de Brasília, é comumente visto nos livros de História a bordo de um fusca preto conversível, sinal da indústria de bens de consumo durável que ele tanto prezava como alavanca do desenvolvimento brasileiro.

O fato óbvio que não podemos ignorar: a principal indústria da época, a Volkswagen, era alemã. Outra indústria da época, a Simca, era francesa. (embora sua proprietária mundial fosse a Chrysler americana, operava no Brasil como filial europeia). Fora do âmbito europeu, a Usiminas, importante siderúrgica hoje do Brasil, teve capitais japoneses em sua construção. E finalmente, podemos falar da primeira fábrica da Toyota fora do Japão, em São Bernardo do Campo, SP. São alguns exemplos que poderiam ser aumentados: os capitais europeus e japoneses estavam participando ativamente da industrialização brasileira.

Portanto, manter laços ideológicos com os EUA, sem que em nenhum momento houvesse uma simpatia brasileira por estar alinhado com a URSS ou o comunismo, mas ampliar e diversificar as relações internacionais do Brasil, buscando novos parceiros comerciais, novas fontes de capitais para a indústria e revitalizar relações diplomáticas com vários países daria origem a um dos temas centrais da diplomacia brasileira até os dias de hoje: o multilateralismo.

A compreensão deste tema é estruturante nas relações externas do Brasil. Mas não só dele, de outros países também. No âmbito da Guerra Fria, não significava em absoluto um alinhamento à URSS. Mas, ao mesmo tempo, também era visto como um não-alinhamento a todas as posições dos EUA, notadamente às relacionadas a temas militares e estratégicos. O não-alinhamento é uma posição, como vimos: significa entender a posição do Brasil no mundo e encontrar espaços e oportunidades de atuação. Claro que neste processo, eventuais decisões de política externa brasileira podem não ser as esperadas pela potência hegemônica do continente, os EUA. O que não significa um rompimento ou uma tensão permanente. Mais do que a barganha que tinha origem na II Guerra, o multilateralismo pressupõe uma busca por um ponto de vista próprio, ainda que isso signifique, ocasionalmente, maiores distanciamentos com os EUA em certos temas.

Um exemplo concreto ocorreu na Guerra da Coreia, entre 1950 e 1953. O Brasil, como membro fundador da ONU e aliado dos EUA, foi chamado a enviar tropas para o conflito pelo então presidente Truman. Fato que não ocorreu. Em outros momentos, decisões brasileiras também seriam focos de distanciamento de pontos de vista americanos.

É neste momento que JK e Jânio Quadros, embora bastante diferentes do ponto de vista político, tivessem um ponto em comum: a política externa independente, PEI. JK rompeu com o FMI que queria colocar limitações aos gastos públicos que ele estava fazendo para seu projeto desenvolvimentista. Embora o FMI fosse um órgão da ONU, era fortemente ligado ao governo americano. Tal rompimento, ato de política interna, tinha um claro reflexo na política externa, atuando para muitos no Brasil, como um ato de independência.

São dois os nomes dos principais formuladores desta política: San Tiago Dantas e Afonso Arinos. Importantes nomes que até hoje são referência como pensadores na área de política externa brasileira.

O governo Jânio Quadros foi ainda mais longe nesta política, embora algumas vezes de modo talvez um pouco bizarro. Importantes decisões foram o reatamento de relações com a URSS e com a China comunista. Interessante notar que em época não muito posterior, os próprios EUA iriam normalizar relações com a China comunista.

Ao mesmo tempo, o tema Cuba passava a se tornar fundamental na América. A ilha caribenha tinha tido uma vitoriosa revolução comunista e isso a menos de 120 km dos EUA. Do ponto de vista geopolítico, era a maior mudança na Guerra Fria desde seu início (e, de fato, como sabemos hoje, um dos momentos mais próximos em que esta guerra poderia ter se tornado "quente"). O Brasil votou contra a expulsão de Cuba da OEA e condenou as sanções econômicas que os EUA iniciaram contra a ilha (aliás, tema até hoje de controvérsia entre os dois países). O ato mais simbólico desta política independente foi a condecoração de Che Guevara, o ícone comunista da ilha, com a ordem do Cruzeiro do Sul, a mais alta comenda brasileira.

Isso significa que Jânio era um comunista? Em nenhuma hipótese. Mas era uma afirmação de que o Brasil poderia agir de forma independente, não-alinhada com os EUA. A condecoração também tinha um suposto efeito interno, pois Jânio tinha uma base de apoio precária no Congresso e ele sabia que parte da esquerda brasileira da época via Che Guevara como um líder quase messiânico. Sua condecoração poderia ter um efeito de apoio desta esquerda para ele no Congresso. Fato que não ocorreu, aliás. Jânio Quadros assim, inaugurava uma triste tradição na política externa brasileira: usá-la como "muleta" para a política interna. Ou seja, ao invés de entender o tema relações internacionais do Brasil como sendo um fim em si mesmo, com vistas à inserção do país no sistema internacional no longo prazo, com dinâmica e posicionamentos específicos e estratégicos, a política externa de um governo, e não do Estado, é vista apenas como um apêndice, quase como uma afirmação de pequenos interesses políticos paroquiais. Esta tendência infelizmente ainda percorre vários governos eleitos até os dias de hoje.

O governo João Goulart e o golpe de 1964 pertencem a um contexto muito evidente: a Guerra Fria e as intervenções americanas no continente visando evitar o suposto perigo comunista. Há muitas versões históricas sobre o envolvimento americano no golpe de 1964. É quase unânime afirmar que os EUA deram apoio ao golpe, variando a interpretação sobre o tamanho exato desde apoio. Foi um golpe americano no Brasil ou foi um golpe de brasileiros contra brasileiros com apoio americano? Um dos episódios que marca a agitação política para o golpe contra o reformista João Goulart foi a greve de marinheiros, cujo líder era o cabo Anselmo. Tal greve, uma greve de militares, frise-se, e, portanto, ilegal, teria sido a gota d'água para a liderança militar iniciar o golpe de 1964. Anselmo era mesmo um agente da CIA infiltrado entre os militares para criar a situação que levaria ao golpe? A atuação dos EUA no golpe foi decisiva a este ponto? Ou o golpe era majoritariamente um problema interno do Brasil, uma disputa política dentro de nossa sociedade e que foi acompanho de perto pelos EUA? Tal debate não cabe nesta obra, mas fato é que, após a derrubada do presidente Goulart, imediatamente o governo dos EUA deram apoio ao novo governo militar. Este tipo de apoio a ditaduras militares na América Latina ocorreu em todo o período e o contexto é bastante evidente: a Guerra Fria e o perigo comunista, na visão do governo americano. Até hoje, continua a ser um dos maiores, senão o maior, passivo negativo da política externa americana em relação aos outros países do continente.

6.2 REGIME MILITAR: UM ALINHAMENTO AUTOMÁTICO AOS EUA?

Pode-se imaginar que o regime militar de 1964 a 1985 foi um ponto de absoluta concordância com a política externa americana. Afinal, um dos principais pontos do golpe foi justamente o contexto da Guerra Fria. Mas mesmo em um momento como aqueles, houve sim tensões entre EUA e Brasil. Mas de modo geral, podemos afirmar com clareza que a política externa independente que o Brasil ensaiou desde os anos 50 e que tinha certas raízes em Vargas, foi desmontada. O Brasil era, de fato, um país (quase) totalmente alinhado com as posições americanas.

Após o golpe, não só do ponto de vista diplomático o governo americano deu apoio ao novo regime, mas do ponto de vista econômico também. Vultosos empréstimos vieram para um projeto industrializante. Ironicamente, os militares que eram politicamente opostos à visão de mundo desenvolvimentista utilizaram boa parte dos instrumentos dela para construir uma sólida base industrial no Brasil. Do ponto de vista internacional, no contexto da Guerra Fria, todos os países do bloco ocidental também forneceram apoio diplomático e muitas vezes, financeiro, via empréstimos ou investimentos de grandes empresas. Portanto, temas tão prementes nas relações internacionais de hoje como direitos humanos, ecologia ou proteção às minorias eram totalmente ignorados naquele momento histórico. Alinhamento contra o comunismo e investimentos externos eram o grande foco das relações entre o mundo democrático rico, EUA e Europa basicamente, e o Brasil e o restante da América Latina.

Talvez o fato mais rico de análise seja o de que, embora todos militares, nem todos os presidentes do regime pensavam igual em relação às relações internacionais. Castelo Branco, o primeiro presidente militar, era favorável a um alinhamento quase que automático aos EUA. Tal fato decorre de sua vida intelectual e pessoal, ele mesmo um veterano da FEB na Itália e tendo curso de formação militar nos EUA. Mas o presidente seguinte, Costa e Silva, sem esse contato próximo com os EUA, passa a ter uma visão um pouco mais complexa que o simples alinhamento.

Claro está que no contexto geral da Guerra Fria, o regime militar brasileiro é abertamente anticomunista e, portanto, aliado incondicional com a liderança americana no hemisfério. O que não quer dizer que certos pontos de vista causassem entre Brasil e EUA momentos de distanciamento de posições. O que é muito interessante de ser notado: mesmo em um regime cuja palavra "comunismo" continuava a ser um fantasma a ser combatido, o alinhamento automático com os EUA nem sempre era uma opção. Tomemos alguns exemplos.

O governo milita seguinte ao do general Castelo Branco foi o do General Costa e Silva. Oriundo da chamada "linha dura" do regime, mais identificada com uma visão estritamente militar e fortemente nacionalista e menos alinhada com interesses americanos, a presidência Costa e Silva atuou fortemente para que o Brasil tivesse acesso à tecnologia nuclear. Naquele momento histórico, por claras razões estratégicas, os EUA não queriam que nenhum outro país tivesse tais tecnologias, daí a criação no âmbito da ONU do TNP, Tratado de Não-Proliferação Nuclear, de 1968. Este tratado previa que nenhum deveria criar tecnologias de armas nucleares e que as potências que já as tivessem, basicamente as cinco atuais do Conselho de Segurança Permanente da ONU (EUA, Rússia, China, Inglaterra e França), deveriam em certo prazo (que nunca foi estabelecido, aliás), abdicar de suas armas. Nem é preciso dizer que as potências nunca abdicaram de suas armas e muito ao contrário, os anos 70 foram de ampla expansão dos arsenais nucleares das duas maiores potências. O Brasil tinha ambição de ter acesso a tais tecnologias, não apenas em função de uma política de defesa e dissuasão, mas por questões tecnológicas e industriais. Outro país que também tinha ambições nucleares era a Índia, que afinal conseguiu desenvolver suas armas atômicas, em função de tensões militares com o Paquistão, ele mesmo também em época posterior, nuclearizado.

Ao mesmo tempo, o regime militar tinha um projeto industrializante acelerado, que dava sustentação ao próprio regime, com investimentos maciços em infraestrutura e abertura ao capital estrangeiro. Esta visão estava ligada a um projeto nacionalista de Brasil Potência, legitimador do regime militar, do qual o ufanismo relacionado ao futebol era apenas a parte mais aparente e popular. Ao mesmo tempo, tensões de fronteira seculares com a Argentina, ela mesmo também um regime militar nacionalista e repressor, criavam a sensação de que o Brasil tinha que ter um lugar no mundo: uma potência emergente, com indústria, tecnologia e claro, armas nucleares.

Esta tensão neste tema tão sensível atingiu seu ponto máximo no governo Geisel. Com a recusa persistente dos EUA de fornecer tecnologia para reatores nucleares para fins de produção de energia elétrica (a mesma tecnologia poderia ser usada para uma bomba), o Brasil assinou um acordo com a Alemanha para a construção das usinas de Angra dos Reis. Inicialmente, oito usinas estavam programadas, mas apenas duas foram terminadas, sendo que a terceira ainda está nos dias de hoje em obras. Mais uma vez, sem se distanciar do bloco ocidental e sem, e isso claro era uma não-opção para os militares brasileiros, aliar-se ao mundo comunista, o Brasil buscava uma ampliação do seu leque de alianças, principalmente em relação a temas sensíveis como esse. Japão e Alemanha eram, portanto, parceiros naturais, tanto na área econômica como tecnológica e até militar.

Pode-se ver nos anos 70 do regime militar ecos de uma postura de barganha que tem origens em Vargas. E nos dias atuais, o tema de uma ampliação das relações multilaterais, buscando-se parcerias estratégicas em diferentes países, igualmente não foge à regra. A compra de modernos caças suecos ou de submarinos franceses nos anos 2000, durante os dois governos Lula, é exemplo disso. Resumindo: há espaços de poder que podem ser ocupados dentro do chamado "mundo ocidental", sem que necessariamente isso seja entrar em confronto direto com os EUA, mas igualmente, sem que isso signifique um alinhamento total aos postulados deste país. É quase uma ironia que uma política externa tenha sólidos pontos em comum entre um general Geisel e um governo Lula, ideologicamente tão diferentes, mas seguindo, em momentos históricos diversos, caminhos paralelos. Prova de que a política externa de um país deve ter em mente objetivos de longo prazo, ainda que isso possa ser significar políticas parecidas feitas por governos de matizes ideológicas radicalmente diferentes. O mesmo vale para os analistas de política externa: elogiar ou atacar este ou aquele governo em função de certo ato em política externa por simpatia ou antipatia ideológica pode levar a erros graves: afinal de contas, o governo X pode estar fazendo quase a mesma coisa que o governo Y, seu oposto em outras áreas de disputas políticas.

Podemos concluir, para, talvez, certo espanto de algum leitor, que o regime militar não manteve com os EUA um alinhamento automático. O mesmo, aliás, se pode dizer de importantes aliados europeus. As relações internacionais muitas vezes são mais sutis e complexas do que narrativas ideológicas e políticas de prazo mais curto. Em um regime democrático como o que vivemos hoje, nas raras vezes em que o tema "política externa" é citado (e deveria o ser mais), é comum candidatos simplificarem as posições de seus oponentes. Devemos ter sempre em mente que tais narrativas ou "ataques" são muitas vezes apenas isso mesmo: narrativas. Devemos manter o foco no longo prazo e nas análises estruturantes.

Outra imensa "contradição" do regime militar diz respeito às relações entre Brasil e África. Diz-se contradição de um ponto de vista ideológica, mas com certeza não o é de um ponto de vista estratégico. Vejamos.

Angola conseguiu sua independência, fruto de uma longa e desgastante guerra, contra Portugal, em 1975. O primeiro país a reconhecer a independência foi o Brasil, sob liderança do então presidente militar Geisel. O principal grupo que participou da luta pela independência angolana era o MPLA, Movimento Popular de Libertação de Angola, de caráter abertamente marxista naquela época. O objetivo brasileiro era estabelecer relações com países africanos que poderiam vir a ser importantes consumidores de produtos brasileiros. Ao mesmo tempo, adotar postura de uma potência emergente que tem voz no cenário internacional a partir de seus próprios interesses. No ano seguinte, a ONU reconheceu Angola como país independente e seu governo de caráter marxista, que, aliás, recebeu apoio militar até mesmo de militares cubanos e soviéticos. Os EUA vetaram o reconhecimento, mas ele foi aceito amplamente pela Assembleia Geral. O Brasil reconhecia assim um novo país independente, Angola, com um governo abertamente marxista, repudiado pelos EUA, porque isso era do interesse estratégico de longo prazo do país. E isso, sendo o Brasil governado por um presidente militar que internamente tinha o repressor AI-5 ainda vigente, reprimindo justamente uma oposição com muitos simpáticos ao marxismo...

Por último, nesta linha de buscar posicionamentos e parcerias amplas, ampliando o multilateralismo que é um caminho que, como vimos, é sólido na política externa brasileira, o governo Geisel normalizou relações com a China. O que entendemos por normalização?

Desde a Revolução Chinesa de 1949, aquele país tinha uma divisão entre a China continental, inicialmente governada por Mao Tsé-Tung, comunista, e a ilha de Taiwan, governada por Chiang Kai-shek, que teve apoio americano, dentro da lógica da Guerra Fria. Esta China era chamada de nacionalista e era a única aceita pela ONU, o que obviamente era uma situação exótica, dado que a China continental, chamada de República Popular da China era imensamente maior em território e em população. Fruto da pressão americana na ONU, esta situação se manteve até 1971 quando finalmente aquela organização alterou o status da China enquanto país representativo na ONU: Taiwan deixa de ser reconhecida como país representante e entra a República

Popular da China, esta última a única a ser entendida como efetivamente um país. O que está em foco nesta substituição é uma mudança no olhar dos próprios EUA. No mesmo ano de 1971, o então secretário de Estado americano, Henry Kissinger, visitou a China comunista e iniciou tratativas de negociação com aquele país. Aproveitando-se de tensões entre a URSS e a China, os EUA planejaram, com exatidão, que uma aproximação entre China, então o maior país do mundo em população, mas ainda uma economia agrária e muito pobre, poderia "dividir" o mundo comunista. A China, embora formalmente comunista, nunca aceitou uma liderança soviética no bloco e via sua posição como uma linha independente. Ideologicamente não alinhada com os EUA, mas, ao mesmo tempo, não subordinada a toda e qualquer decisão que viesse de Moscou. Foi neste contexto que houve uma aproximação, ideologicamente também um pouco exótica, mas estrategicamente muito clara, dos chineses de se aproximar de outros países. O mesmo se pode dizer do Brasil de Geisel: estabelecer laços com a China seria continuar a tradição de uma política externa independente, de não-alinhamento automático com os EUA e, ao mesmo tempo, de busca de novas parcerias em qualquer país que tivesse peso na comunidade internacional. Uma terceira via que não seria identificada com a lógica binária da guerra fria. Assim, China e Brasil estabeleceram laços diplomáticos, neste caso, na mesma época em que os próprios EUA também o faziam. Quase desnecessário dizer a importância desta relação nos dias de hoje.

Pode-se concluir que o regime militar teve momentos de aproximações e distâncias em relação à potência hegemônica no continente, os EUA. A afinidade ideológica anticomunista nem sempre foi o guia desta linha de relações internacionais, mas a procura por uma política externa independente, não-alinhada, visando uma afirmação da posição do Brasil no mundo como dono de um olhar próprio. Ironicamente, tal posição era muito próxima da de governos anteriores, incluindo os políticos e pensadores que os próprios militares tiraram do poder.

Por último, mas não menos importante, o tema dos direitos humanos e a repressão do regime militar. Durante a presidência Jimmy Carter, aumentou a pressão dos EUA pelo tema direitos humanos na América Latina. Igualmente, em diversos países da Europa, notadamente França, lugar para muitos exilados, artistas e intelectuais, foram, havia pressão nos meios jornalísticos pelo tema. A depender do governo e do país, certa pressão diplomática chegava até o Brasil vindo de fora. Foi o determinante para o regime cair? Não. As causas do fim do regime militar são outras, notadamente na área econômica. Mas é relevante notar que mesmo aliados ocidentais na Guerra Fria tinham posição contrária a repressão que ocorria em várias ditaduras latino-americanas. O tema direitos humanos tem uma dinâmica própria e mereceria um estudo aprofundado em relações internacionais no Brasil. Pode-se dizer que o ocidente democrático também tem, em relação a este tema tão fundamental, uma atitude ambígua, tolerando violações de direitos humanos em países cujo alinhamento estratégico é desejado. Mas nos anos 60 e 70, golpes militares eram amplamente tolerados, quando não incentivados como vimos nos casos latino-americanos, para se obter certo posicionamento desejado pelas potências, ainda que elas mesmas tenham sistemas democráticos. Este tema ainda é um ponto que precisaria ser tornado de fato central nas relações internacionais, quase sempre deixado de lado quando se trata de maiores interesses econômicos, militares, estratégicos. Por que tais temas são mais importantes que os direitos humanos? Esta pergunta ainda precisa ser cobrada de vários governos e países democráticos.

7 HISTÓRIA DA POLÍTICA EXTERNA BRASILEIRA – REPÚBLICA: REDEMOCRATIZAÇÃO E PÓS-GUERRA FRIA

7.1 UM PANORAMA DOS DESAFIOS DO MUNDO PÓS-GUERRA FRIA

A redemocratização do Brasil trouxe mudanças importantes na política externa. A partir daquela, esta pôde repensar o papel do Brasil no mundo a partir de novos temas e novos posicionamentos. Como vimos, em essência, a linha adotada permaneceu a mesma: não-alinhamento automático com a potência continental, os EUA; busca de parcerias com outros países não-alinhados; busca de uma integração mais intensa no chamado eixo sul-sul, ou seja, países em desenvolvimento que podem ser parceiros estratégicos em diversos campos e mercados importantes para a economia brasileira; e finalmente, a diplomacia como eixo articulador central da política externa brasileira, já que abdicamos de sermos uma potência militar em função da estabilidade geopolítica que temos na região.

Porém, em regimes democráticos, cada presidente altera a linha de atuação de seu antecessor. Embora a linha mestra permanece no longo prazo, mudanças de governo impõem tendências mais ou menos atuantes em certos temas, em detrimento de outros. Portanto, veremos neste momento histórico como cada governo teve uma determinada ênfase, alterando aquela linha central que já se consolidou como a política externa independente brasileira.

Um aspecto que permanece em vários governos no período democrático é a preferência pelo chamado eixo sul-sul. Menos geográfico do que simbólico, o chamado "sul" é aqui entendido como um amplo e diverso campo de países, muitos deles com independências recentes, datando da descolonização dos anos 50 a 70, na África e na Ásia, e que tem problemas semelhantes ao Brasil: baixa renda per capita, e geralmente uma concentração de renda desigual, dificuldades de infraestrutura, com imensos desafios sociais nas áreas de educação, saúde e habitação, economia quase sempre dependente de capitais dos países mais ricos e muitas vezes, exportadora de produtos de baixo valor agregado. Há não muito tempo, esta realidade era chamada de Terceiro Mundo, em oposição ao Primeiro, o dos países ricos democráticos e o Segundo, de países socialistas de economia planificada sob tutela soviética, na maioria das vezes.

Hoje, o termo Terceiro Mundo, embora ainda falado no cotidiano, foi substituído pelo mais brando "países em desenvolvimento". Fato é que basicamente muitos países podem ser assim chamados, principalmente depois que o socialismo real ruiu e o domínio soviético na Europa do Leste virou escombros. Assim, quase toda a África, América Latina, Ásia (com algumas exceções marcantes) e mesmo países da Europa podem ser vistos como "em desenvolvimento". Um nome bastante genérico que designa realidades tão diversas, mas muitas vezes problemas comuns: uma sociedade na qual faltam condições materiais de vida digna a amplas parcelas da população, ainda que algumas minorias tenham estas condições. Em suma, o que podemos dizer é que os países em desenvolvimento tem na desigualdade social uma marca e na necessidade de crescimento econômico e melhor inserção na economia globalizada uma possível solução.

CAPÍTULO 7

A redemocratização brasileira, portanto, também coincide com este amplo processo de mudança geopolítica: o fim do "sonho" socialista. Durante algumas décadas, a promessa de uma nova economia e uma nova sociedade foram uma esperança para muitos países mais pobres do mundo. E mesmo na intelectualidade dos países mais ricos, uma possibilidade de superar temas importantes da economia capitalista de mercado. A partir dos anos 90, esta possibilidade ficou apenas como promessa. Mesmo teóricos que foram abertamente marxistas deixaram de acreditar em certos dogmas daquela linha de pensamento:

> *"o socialismo, como o conceito era entendido na União Soviética e nas demais "economias de planejamento central", vale dizer, nas economias centralizadas, teoricamente sem mercado e de propriedade e controle estatais, morreu e não ressuscitará". – Eric Hobsbawm – Como mudar o mundo, Cia. das Letras, 2011.*

Se até este conhecido historiador marxista abandonou certas propostas que seriam a solução dos problemas sociais dos mais pobres, como os países em desenvolvimento iriam tornar-se plenamente desenvolvidos? O que se entende por desenvolvimento, afinal?

Não é apenas crescimento econômico quantitativo, mas um incremento substancial na qualidade de vida da população. Direitos essenciais como uma boa educação, acesso à saúde, segurança e uma rede de proteção social para os mais necessitados, além de sistemas de previdência. E tudo isso em uma economia de mercado.

Para os países mais ricos, estes dilemas sociais estavam, se não resolvidos, pelo menos, diminuídos ao extremo. Os anos 90 foram anos de enorme confiança de que o progresso material e social poderia estar ao alcance de praticamente qualquer país do mundo. Havia um modelo ideal de economia, a de mercado. E a abertura comercial, até então um tema restrito aos economistas liberais, passou a frequentar a política externa. E claro, as eleições.

O primeiro presidente do atual ciclo democrático brasileiro foi José Sarney. Eleito indiretamente pelo Congresso como vice presidente, assume a presidência com a morte de Tancredo Neves. E o que marca seu governo é a criação do Mercosul, um tema que a partir deste momento, nunca deixará de frequentar os debates sobre política externa brasileira.

Mas afinal, qual era o objetivo do Mercosul?

7.2 MERCOSUL: REALINHAMENTO DO BRASIL

A palavra mais ouvida nos anos 90 era globalização. Praticamente todos os ramos do conhecimento usaram e talvez abusaram desta palavra. E de fato, salvo alguns críticos, e menos ainda críticos lúcidos, parecia que o mundo se encaminhava para uma aldeia global na qual produtos, capitais, serviços e pessoas (em relação a estas últimas, com menos entusiasmo que as primeiras) iriam fluir com poucos empecilhos, superando fronteiras nacionais. Hoje, passados 30 anos deste momento, podemos de fato entender se os críticos lúcidos desta época estavam certos e o que de fato houve de exagero naquela empolgação.

O ponto que gerava mais preocupação em vários países da América Latina era: como "atualizar" o modelo de desenvolvimento que a maioria dos países da região tinha tido até aquela data? Boa parte das economias mais industrializadas da região realizara um esforço enorme de desenvolvimento baseada na economia fechada, na atração de capitais externos via mercado cativo. Como vimos na era JK, a fábrica da VW no Brasil foi um momento de mudança não só de parcerias internacionais, mas de um modelo de industrialização. E qual era o problema da fábrica da VW e de outras marcas? Pense nos produtos então fabricados. Todos, de gerações anteriores, alguns quase caricaturas. Um produto que permaneceu anos no imaginário do consumidor brasileiro foi a Kombi. Apesar do carinho afetivo que muitos podem ter desta automóvel, ele permaneceu basicamente o mesmo projeto de engenharia desde sua concepção nos anos 30. Isso mesmo, o Brasil fabricava um carro nos anos 90 que a Alemanha de Hitler dos anos 30 tinha projetado. 60 anos de uma não-evolução tecnológica.

Claro que este era um exemplo extremo, mas a situação da indústria brasileira não era tão distante deste modelo. Nos anos de economia fechada, o Brasil criou uma base industrial bastante respeitável. Mas isso era apenas para o mercado interno. Exposta à concorrência internacional, esta indústria tinha a competitividade de uma Kombi contra os automóveis japoneses que, há décadas, dominavam o mercado americano, famosos pela sua qualidade técnica. O Mercosul foi a resposta, em parte, a esta situação.

Abrir o mercado brasileiro às importações de forma descontrolada seria dar um tiro de misericórdia na indústria nacional. E isso em uma época, anos 90, na qual o agronegócio brasileiro ainda ensaiava seu crescimento das décadas posteriores. Portanto, o Mercosul foi pensado desde o início como uma plataforma para a globalização: um ponto de concorrência externa regionalizado, que fortalecesse as cadeias produtivas regionais, preparasse a indústria para voos mais altos em direção a mercados mais competitivos. A própria OMC, não à toa o organismo multilateral que adquiriu mais prestígio naqueles anos de globalização, entendia que acordos regionais eram boas soluções diante do dilema "abrir-se totalmente" ou "manter sua economia fechada".

Na mesma época a União Europeia, o bloco econômico e político mais institucionalizado, acelerava seus processos de integração. Não cabe neste volume fazer o histórico e a análise daquela instituição, mas é importante notar como a UE teve papel fundamental como modelo a ser seguido por outros acordos e blocos regionais. Os próprios EUA lançaram iniciativa semelhante no continente americano, a ALCA, proposta em 1994 pelo presidente Bush. Inicialmente os países latino-americanos recusaram a proposta por temer a concorrência americana e a seguir os próprios EUA também, já que até mesmo a indústria americana poderia perder empregos por lá, transferindo sua produção para países com salários menores. O que em grande medida acontece no acordo, este sim em vigor até hoje, o Nafta, que inclui EUA, Canadá e México, sendo este último o destino de grande parte da produção física de produtos industriais americanos.

O Mercosul, como se vê, sempre teve certo caráter defensivo. Competidores globais mais poderosos pressionavam por abertura comercial, enquanto Brasil e Argentina, os dois maiores polos industriais da região, tentavam fortalecer suas indústrias tão duramente conquistadas. O problema central é que manter-se somente na defensiva não cria competitividade.

Quando finalmente o Mercosul foi criado formalmente em 1991, após anos de negociação, tivemos uma dupla conquista. Uma delas permanece como herança positiva até hoje. A outra ainda precisa ser repensada.

Primeiro, a conquista política. O Brasil sempre teve seu olhar voltado para o Atlântico. A busca por parcerias estratégicas em outros países sempre esteve presente e é um dos eixos articuladores da projeção do Brasil no mundo. Ironicamente, apesar das relações diplomáticas francas e coerentes com nossos vizinhos latino-americanos há séculos, e totalmente fechadas as cicatrizes da Guerra do Paraguai, as relações econômicas com a região eram pequenas. Ao mesmo tempo, durante os regimes militares, havia tensão nacionalista, hoje vista até com certo tom de ridículo, com a Argentina, o que levava inclusive a uma concentração de tropas na região da fronteira.

O Mercosul enterrou em definitivo estas tensões políticas. Debates e discordâncias ocorrem em nível cotidiano entre os diferentes governos do Brasil e Argentina. Mas nada que remotamente se compara a frieza e a quase rusga que havia nos tempos dos regimes militares dos dois países. O Mercosul, portanto, foi um fator de integração e parceria com nosso principal vizinho de forma definitiva. O enorme fluxo de turistas mútuos apenas é a demonstração física deste distensionamento.

Outro ponto central do Mercosul é a sua cláusula democrática. Nenhum país pode fazer parte do bloco se não for uma democracia. Este fortalecimento mútuo dos sistemas políticos representativos é um ganho sem precedentes na região, que como sabemos, foi assolada por regimes repressivos por décadas. Seria esta cláusula suficiente para evitar uma ruptura democrática em algum país da região? Esta pergunta permanece ainda sem resposta, mas sem dúvida é um constrangimento a mais, uma pressão externa, para que os regimes políticos regionais mantenham sua democracia. Voltaremos ao tema quando analisarmos a delicada situação da Venezuela.

Se do ponto de vista política o Mercosul já tem motivos a comemorar, do ponto de vista econômico o copo está meio vazio. Ou meio cheio, se assim o leitor o preferir...

A economia entre os quatro países fundadores do bloco, Brasil, Argentina, Uruguai e Paraguai, só se fortaleceu nestes mais de 30 anos de Mercosul. As trocas comerciais entre essas quatro economias e principalmente entre as duas maiores, se ampliaram drasticamente. Cadeias produtivas inteiras se integraram de forma bastante competitiva, com destaque para a cadeia automotiva. Muitas empresas brasileiras atuam no mercado argentino com sucesso, embora o contrário seja mais limitado, mas mesmo assim, presente. A Argentina é o 3º maior parceiro comercial do Brasil e temos neste comércio bilateral superávit, notadamente de produtos industriais, de maior valor agregado. Por outro lado, a combalida indústria argentina exporta basicamente apenas para o Brasil, o que torna o comércio conosco vital para a economia do país, malgrado seu déficit comercial. O trigo, importante insumo alimentício para o Brasil, também vem da Argentina (embora exista a expectativa de que em alguns anos o Brasil seja autossuficiente neste produto). Portanto, temos um caso de sucesso econômico inegável, com uma vantagem brasileira discreta, pelo menos no que toca os valores de troca.

Então, onde podemos encontrar a face "copo meio vazio" do Mercosul?

Voltemos à premissa inicial deste bloco: uma plataforma regional para a globalização competitiva. Uma forma de tornar a indústria dos países da região forte para concorrer em outros mercados. Neste ponto, o Mercosul falha.

Ironicamente, o segundo país com o qual o Brasil tem uma exportação de produtos industriais são os EUA. Diz-se ironicamente, porque era justamente o "medo" da competição americana na área industrial que fez em várias vezes o governo brasileiro evitar assinar acordos de comércio bilateral (ou até multilateral, no âmbito do Mercosul). Há espaços importantes na pauta de importação americana preenchidos por empresas e setores industriais brasileiros, como aviões (a Embraer merece uma espécie de "joia da Coroa" da indústria brasileira), petróleo, aço e produtos agrícolas semimanufaturados (todo dia de manhã, algum consumidor americano toma um suco de laranja brasileiro em sua casa...). Apesar deste relativo sucesso, a indústria brasileira compete pouco no exterior. Quando se compara os processos de industrialização do Brasil com os dos chamados "Tigres Asiáticos", como a Coréia do Sul, nossa indústria é mais antiga em décadas e menos competitiva em bilhões de dólares. A plataforma Mercosul tornou-se mais uma zona de conforto do que um treino para campeonatos maiores. Nas duas primeiras décadas do século XXI, o agronegócio brasileiro saltou de US$ 120 bilhões para US$ 500 bilhões e em 2023 a safra atingirá 300 milhões de toneladas de grãos. No início do século XXI, em 2002, era de 120 milhões. Um caso de sucesso em precedentes na história econômica brasileira e talvez mundial. Nada remotamente se compara com a indústria brasileira que nestes mesmos 20 anos perdeu quase metade da participação no PIB nacional. Resumindo: se o Mercosul iria ser uma força indutora de globalização em nossa indústria, foi a soja e outros grãos que acabou tomando o lugar nos embarques dos navios brasileiros.

Outro problema crônico do Mercosul é o não-alinhamento entre os países do bloco. Tecnicamente, o Mercosul deveria ser uma etapa acima da zona de livre comércio. Neste modelo inicial de integração, os países acordam uma tarifa zero para produtos e serviços, porém cada país mantém suas próprias tarifas externas para outros mercados. O Nafta tem esta estrutura. Em outras palavras, produtos mexicanos entram nos EUA com tarifa zero e vice-versa, porém México e EUA têm tarifas de importação diferentes para outros países que exportam para seus respectivos mercados. (o México pode assinar com o Brasil ou o Mercosul um acordo de tarifa zero, mas os EUA não).

Já a União Aduaneira mantém, além da tarifa zero entre os membros, uma TEC, tarifa externa comum, que abarca a importação de produtos vindos de outros mercados. Assim, Argentina e Brasil têm que ter uma tarifa comum a produtos vindos, por exemplo, dos EUA. Este ponto permite, pelo menos em tese, uma integração mais profunda entre os países membros e um fortalecimento do comércio regional. Na prática, torna-se mais uma "camisa de força", porque se um país quiser manter suas tarifas de importação altas para proteger sua indústria, obriga os outros membros a também o fazer, mesmo que não seja de seu interesse.

Para complicar, há várias exceções a esta TEC. Centenas de produtos têm tarifas diferenciadas em um leque de complexas leis comerciais. O Mercosul que deveria ser uma União Aduaneira, na verdade, luta para conseguir ser uma ZLC. E ainda há outros problemas.

No início de 2023, o Uruguai comunicou ao Mercosul que desejava iniciar conversações com a China para um acordo bilateral de livre-comércio. Em uma união aduaneira, que o Mercosul deseja ser, todos os países devem negociar em bloco. Caso um país queria fazer um acordo bilateral, a TEC torna-se inviável. Por outro lado, se produtos chineses podem entrar no Uruguai com tarifas mais baixas que as do Mercosul, podem ser reenviados para todo o bloco. O Uruguai não tem indústrias significativas a defender da concorrência chinesa, mas seu agronegócio tem muito a ganhar se puder entrar na China com preferências comerciais. Esse parece ser um problema igualmente crônico no Mercosul, agravado pelas mudanças de política de cada país membro. Ora um governo mais liberal na Argentina prefere ampliar negociações bilaterais entre o Mercosul e outros parceiros, mas um governo mais protecionista no Brasil é contra. Ora ocorre exatamente o contrário. O Mercosul depende de uma proposta de mais longo prazo, uma estratégia que retome sua vocação inicial de plataforma de competitividade e menos uma zona de conforto para os dois países mais industriais da região.

Há mais de 20 anos há uma negociação entre Mercosul e União Europeia. Se tal acordo de fato fosse concluído, faria a maior zona de livre comércio do mundo. Mas protecionismos industriais do Mercosul e protecionismo agrícola europeu mantém este acordo em suspenso. De fato, a globalização tão prometida nos anos 90 e que teria um efeito tão duradouro na economia mundial foi mais complexa e travada do que se pensava.

O Mercosul permanece hoje como uma aposta que já teve benefícios excepcionais. Mas sua evolução está parada há pelo menos duas décadas. Há um consenso de que ele não pode ser uma âncora para a competitividade externa do Brasil. Mas igualmente abandoná-lo seria uma abdicação de vantagens comerciais adquiridas. De tempos em tempo fala-se em "relançar o Mercosul". Ainda se espera este relançamento.

Por último, mas não menos importante. A questão política do Mercosul. Durante o início do século XXI, a Venezuela pleiteou entrar no bloco. Havia vantagens evidentes nesta entrada, já que é um país com mercado interno atraente, pouco industrial e, portanto, com amplas possibilidades de exportação para a indústria brasileira. O ingresso efetivo ocorreu em 2012, não sem uma controvérsia ideológica e jurídica.

A partir de 2006, a Venezuela iniciou os protocolos de entrada no Mercosul. Naquela época, era governado por Hugo Chávez, que utilizou o alto preço do petróleo naquele momento, praticamente a única fonte de receita do país, para ampliar drasticamente os gastos públicos. E aos poucos, minar a oposição e construir um regime personalista e centralizador. Na mesma época, os países do Mercosul tinham um claro alinhamento ideológico de esquerda que permitiu uma simpatia pelo regime de Chávez. Deve-se frisar que para além da questão ideológica, como vimos, a entrada da Venezuela no Mercosul de fato significava oportunidades de negócios muito atraentes para a indústria argentina e principalmente a brasileira. A Venezuela tem uma indústria praticamente inexistente e mesmo sua agricultura é importadora. O que é um dado pouco elogiável para os venezuelanos, depender quase que exclusivamente do petróleo para sua economia, é uma oportunidade enorme para o Brasil e Argentina.

Porém, o Paraguai em 2012 tinha um Congresso com predominância conservadora, ao contrário de seu presidente, Fernando Lugo, de esquerda. Pelas regras do Mercosul, um país ingressante deve ser aprovado não apenas pelos presidentes dos outros países membros, mas pelo Congresso, poder legislativo. Por motivos mais ideológicos que econômicos, reforçado pelo fato de que a entrada da Venezuela no Mercosul não iria representar ganhos significativos para o Paraguai, dada a sua baixa industrialização, o Congresso paraguaio se mostrava contrário a aprovação. Este imbróglio ficou ainda mais complicado quando houve pelo mesmo Congresso paraguaio o impeachment do presidente Lugo. Há vozes que argumentam que tal impeachment não seguiu as regras democráticas e, portanto, seria um golpe de Estado. Pela cláusula democrática, um país não pode deliberar no Mercosul senão estiver em plenitude das suas funções políticas representativas. Os outros países do bloco reuniram-se e declararam o Paraguai suspenso. Ato contínuo, aprovaram a entrada da Venezuela no bloco.

Para outras vozes, tais ações coordenadas foram entendidas mais como um "jeitinho" de colocar a Venezuela no bloco. Como se vê, o Mercosul sofre um problema crônico até hoje: sua baixa institucionalização permite que governos de diferentes matizes ideológicos "joguem" com o bloco de acordo com seus interesses políticos, enquanto o longo prazo do bloco sofre com mudanças drásticas de rota.

O Paraguai voltou a ser membro pleno do bloco um ano depois, em 2013, após novas eleições presidenciais. Enquanto isso, a Venezuela já era membro pleno do bloco. O Congresso paraguaio então, acabou por aprovar a entrada, mesmo porque ela já era fato consumado.

As controvérsias ideológicas do Mercosul não terminam. Em 2016, a situação política na Argentina e no Brasil mudou. Novos governos menos alinhados à esquerda nos dois países passaram a olhar a Venezuela com menos simpatia, para dizer o mínimo. Sérias acusações de desrespeito aos direitos humanos, mudanças constantes nas regras eleitorais e perseguição de opositores fizeram o regime bolivariano, como se autodenomina o governo venezuelano, ser considerado não-democrático.

Ao mesmo tempo, a Venezuela entrava em uma espiral de verdadeiro caos econômico, com inflação fora de controle e, portanto, sem mais ser o atrativo mercado consumidor que prometia ser. Para além destes aspectos políticos e econômicos, há um tema de ordem jurídica e técnica. Fazer parte de um bloco pressupõe assumir certos compromissos na área comercial, com o uso de normas comuns, tratados específicos e regulamentos burocráticos de comércio internacional. A Venezuela personalista de Chávez e seu sucessor, Nicolás Maduro não cumpriu boa parte destas normas. Naquele ano, por uma dessas reviravoltas típicas da política, o mesmo país que tinha sido admitido como membro em função da suspensão de outro país, foi suspenso. Em 2023, esta suspensão ainda permanece. É possível entrar na polêmica da suspensão da Venezuela sem entrar em um debate ideológico? Sim. Para a entrada de qualquer país na União Europeia, há uma série de normas jurídicas, comerciais e burocráticas que precisam ser cumpridas. Ainda que exista claro uma negociação política sobre o tema, o arcabouço jurídico é respeitado. Isso é chamado de institucionalização. O Mercosul ficou e ainda está à mercê de alinhamentos e desalinhamentos ideológicos. Estes são naturais e desejáveis em sistemas democráticos, aliás. O bloco em si deveria ter metas de longo prazo, mais isentas dos políticos que hoje estão no poder, mas não.

Há um ponto a aprender nesta situação complexa e que permite múltiplos pontos de vista. O Mercosul não é apenas um bloco comercial, mas pressupõe um compromisso democrático. Mostra de que na era da globalização econômica, ainda que imperfeita, temas fora do âmbito estritamente comercial foram ganhando importância no mundo do século XXI. É o momento de abordar tais temas.

7.3 GLOBALIZAÇÃO E NOVOS TEMAS: A DIPLOMACIA DO BRASIL EM UM MUNDO COMPLEXO

Há uma longa tradição de Direitos Humanos nas relações internacionais. Nem sempre, infelizmente, respeitados. É um consenso, pelo menos teórico, de que a partir dos fundamentais Julgamentos de Nuremberg, nos quais criminosos nazistas foram julgados, direitos humanos transcendem fronteiras. Há intenso debate teórico e prático sobre o tema. Um país rico e poderoso teria seu presidente julgado caso ele iniciasse uma guerra? A justiça internacional é sempre uma "justiça de vencedores"? Apesar destes debates, criou-se um lento, mas poderoso consenso internacional de que atrocidades cometidas por líderes não podem ficar impunes. Como punir, essa é a questão ainda em aberto.

Por outro lado, certos direitos fundamentais como liberdade de expressão e as manifestações foram entendidos como universais. Alguns países dizem que tais direitos são formas do ocidente, notadamente os EUA, impor sua vontade em assuntos internos. De fato, há dupla moral em várias ações da ONU e dos EUA. Mas isso não inviabiliza o tema como relevante nas relações internacionais contemporâneas.

Neste caso, o Brasil tem uma atuação em sua diplomacia fortemente pautada pela Declaração Universal dos Direitos Humanos da ONU. E como membro fundador da organização, este é um tema central na articulação do país no mundo. Igualmente, o Brasil respeita ativamente o princípio de não-intervenção. Pode-se dizer que isto é uma contradição, já que um líder de um país pode cometer crimes e o Brasil não iria intervir. Aqui, intervenção significa o uso de força militar. Neste ponto, a não-intervenção do Brasil não é apenas teórica, mas prática. Não aspiramos a ser uma potência militar internacional. Mas o discurso nos órgãos internacionais competentes e a atuação diplomática como mediador pode e deve ser usada pelo Brasil como seu ativo na resolução pacífica de conflitos.

Temas complexos do mundo contemporâneo não são ignorados pela diplomacia brasileira. Por exemplo, o Brasil solidarizou--se com os EUA quando eles foram atacados de forma covarde por terroristas no 11 de Setembro de 2001. Mas na sequência, a invasão americana do Iraque, sem conexão concreta com aquele terrível atentado e feita à revelia da ONU, foi condenada. No mesmo tema direitos humanos, a diplomacia brasileira sempre é ativa em condenar atentados terroristas em Israel que matam inocentes. Mas igualmente se opõe a desrespeitos de resoluções da ONU sobre a ocupação de territórios palestinos pelo estado de Israel. Muitos entendem estas posições como ambiguidade. Na verdade, esta postura de não-alinhamento automático com certos pontos de vista compartilhados por potências hegemônicas é, como vimos, ativo importante da diplomacia brasileira.

E é neste contexto de não-alinhamento que surge a partir do início do século XXI a temática mais delicada para o Brasil: o conflito cada vez mais presente entre China e EUA.

7.4 CHINA E EUA: O BRASIL EM UMA NOVA "GUERRA FRIA"?

Desde os anos 70 como vimos a China se abriu ao mundo. A expansão industrial chinesa seguiu em muitos modos o modelo japonês e coreano, mas em um patamar muito maior. O Japão se reconstruiu com capitais americanos e hoje sua indústria automobilística é dominante nos EUA. A Coréia do Sul após a guerra dos anos 50, industrializou-se em ritmo acelerado e suas marcas tecnológicas competem nos mais competitivos mercados, incluindo com ícones da inovação americana na tecnologia. Mas nem Japão, nem Coréia ameaçam de fato o poderio americano como um todo. Por outro lado, o colapso da URSS e o fim do socialismo real como opção fez os EUA perderem um competidor militar de alto nível. Pelo menos durante algum tempo, como veremos a seguir.

Mas o crescimento da China é diferente. Claro, pelo próprio tamanho do país e seu mercado interno quase infinito. Segundo, pela sua capacidade exportadora, muito maior que a de seus vizinhos. E finalmente, pelo fato de que o governo chinês tem objetivos de longo prazo de ser, de fato, uma potência hegemônica, fora da órbita americana e criadora da sua própria gravitação política. A situação é ainda mais complexa, porque a China não pretende exportar seu modelo para o mundo. Ao contrário da URSS, não há uma visão supostamente universal do modelo chinesa aplicável a outros países. O modelo chinês de "um país, dois sistemas" é próprio deles.

Para Deng Xiaoping, o arquiteto da abertura chinesa, "não importa a cor do gato, desde que cace o rato". A economia chinesa mescla elementos de economia de mercado, em um grau muitas vezes até mais competitivo do que muitas economias capitalistas plenas, com rígido controle estatal. Mas a inovação tecnológica, o que de fato faltou à economia planificada soviética, permanece o motivador central.

Com essa perspectiva de longo prazo em mente, a China entrou no século XXI como uma potência emergente em pleno emprego do termo. De fábrica de produtos industriais baratos, utilizando basicamente sua mão de obra como vantagem comparativa, passou a ser exportadora de capitais, investimentos e produtos de alta tecnologia. Incluindo um programa espacial bem-sucedido. Basicamente não há hoje nenhuma área da produção industrial mundial de ponta que não tenha pelo menos um competidor de origem chinesa, seja uma empresa privada, seja estatal. Fato que deve ser mencionado, mesmo as empresas privadas chinesas tem um alto grau de dependência de decisões do governo.

A própria economia americana se beneficiou deste processo. A expansão econômica dos EUA nos aos 90, com crescimentos recordes, desemprego próximo do zero e inflação muito baixa, se deveu ao modelo complementar chinês. Os dois arquitetos desta aproximação, Deng Xiaoping, falecido em 1997 e Henry Kissinger, ele mesmo nascido em 1923 e, portanto, em 2023 com 100 anos e um ativo escritor e conferencista, devem estar orgulhosos de sua visão de longo prazo. Porém, no campo das relações internacionais, o comércio e a globalização não são os únicos temas centrais do interesse dos países, como por certo período de tempo nos anos 90 se pensava.

A China repensa sua posição no mundo como um parceiro multilateral. O que, aliás, combina perfeitamente com a visão que o Brasil e vários países do mundo têm. Mas esta visão não exclui uma clara posição de liderança que os chineses desejam ter. Quando capitais chineses vão à África e constroem obras grandiosas de infraestrutura, há uma dupla proposta. Garantir o suprimento das matérias primas e dos alimentos que sua economia precisa para continuar a crescer. E igualmente, estabelecer laços políticos de longo prazo. É um modelo que os próprios EUA adotaram após a II Guerra Mundial. Ao invés de conquistar pela força militar, como fez o tradicional imperialismo europeu durante séculos, seduzir pelas vantagens mútuas.

Mas espaços conquistados pelo poder econômico chinês não eram espaços vazios. E se a China ocupou tais espaços, claro está que outras possibilidades de poder foram sendo deixadas de lado. A "gravidade" da atração chinesa passou a alterar alguns países em suas escolhas econômicas, políticas, tecnológicas. E talvez, em um futuro muito próximo, militares.

7.5 A GLOBALIZAÇÃO ACABOU? MOVIMENTOS ANTAGÔNICOS E DISPUTAS TECNOLÓGICAS E DIPLOMÁTICAS

O século XXI não começou bem para os EUA.

Após a queda da URSS nos anos 90 e um período de globalização triunfante, como vimos com problemas, mas com enormes vantagens também, parecia que a liderança americana no mundo seria ainda maior do que fora nos anos 50, quando a II guerra mundial acabara. Mas houve uma série de complicações que mudaram este curso. Vejamos.

No dia 11 de Setembro de 2001 uma série de atentados terroristas feitos por uma até então obscura organização chamada Al-Qaeda chocaram o mundo e os americanos. Se é verdade que datas são apenas convenções e que mudam de acordo com cada cultura, os calendários cristão, islâmico e judaico, por exemplo, são diferentes, é comum os historiadores usarem grandes eventos como marcos temporais. O historiador Eric Hobsbawm usa dois marcos temporais para definir, em seu ponto de vista, o que ele chamou de "breve século XX", o início da I Guerra mundial e o fim do socialismo real. Olhando em retrospectiva, talvez seja melhor colocar 11 de Setembro de 2001 como um desses marcos, o fim de uma era e o começo de outra.

O terrorismo como arma política tem uma história longa e complexa, mas os atos que abalaram os EUA e o mundo superaram em muito o que se pensava a respeito. Pode-se dizer que o cinema-tragédia, tão tipicamente americano, nem sequer imaginou algo a respeito. Pela primeira vez, a maior potência militar e econômica se viu vulnerável em seu território. Outras capitais importantes do mundo, Moscou, Berlim, Paris, Londres, tiveram momentos de horror em guerras ou em revoluções. Ver as cenas da destruição em Nova Iorque foi uma novidade chocante para a autoimagem dos EUA como potência que ganhou a Guerra Fria.

Qual foi a resposta dos EUA? Uma invasão do Iraque em 2003 sob o slogan de "guerra do terror". O Iraque era governado por um ditador, Saddam Hussein, que teve, aliás, apoio americano nos anos 80 durante a Guerra Irã-Iraque. Ele foi acusado de ter arsenais de armas químicas e biológicas e de apoiar organizações terroristas como a Al-Qaeda. Apesar de ninguém deixar de notar que o regime de Saddam era repressor e violento, as acusações de posse de armas e de terrorismo eram precárias e, na verdade, como membros do próprio governo americano admitiram mais tarde, falsas. Até mesmo imagens de satélite foram mostradas na ONU, demonstrando a posse das armas e justificando a invasão. Estas também, falsificadas.

Do ponto de vista militar foi um sucesso. Usando as mais modernas técnicas de guerra, os EUA conseguiram derrubar o regime e tomar conta de modo quase total do território em menos de um mês. A demonstração de força militar impressionou o mundo. Mas a justificativa política não. A ONU não aprovou a invasão e até mesmo aliados dos EUA, como França e Alemanha, foram abertamente contra. Neste momento, o Brasil, mais uma vez demonstrando sua posição pacifista e de não-alinhamento, também se manteve crítico à invasão, que para todos os efeitos, foi feita contra a lei internacional.

Apesar do sucesso militar, os resultados da invasão foram catastróficos. A região do Oriente Médio, já foco de grande instabilidade, sofreu ainda mais com o literal desmonte do estado iraquiano. Hoje, uma região em que grupos rivais lutam de forma praticamente tribal, mas com armamentos letais, a maior herança negativa foi o surgimento do que seria mais tarde o Estado Islâmico. Uma organização de fanáticos religiosos que usa o Islamismo como forma de construir uma espécie de utopia regressista, violentamente repressora. O Estado Islâmico foi derrotado, não totalmente, com uma inusitada aliança entre EUA e Rússia durante a guerra civil da Síria.

Ainda antes da invasão do Iraque em 2003, os EUA invadiram o Afeganistão em 2001. Esta região era um caso de *"failure state"* como se diz em relações internacionais. Um Estado que, na prática, não se comporta como tal, com regiões inteiras sob controle de grupos rivais, de lealdade pessoal, mas com algumas armas modernas, em grande parte, aliás, também herança de outra longa guerra, contra a invasão soviética nos anos 80. A Al-Qaeda tem origem árabe e islâmica. Seu único ponto em comum com os grupos que de fato ocupam a região do Afeganistão é o Islamismo radicalizado. O líder principal da Al-Qaeda, Osama Bin-Laden, vivia nas montanhas do Afeganistão, em parte protegido pelo grupo Talibã.

Após longos 20 anos de invasão, a mais longa guerra já travada pelos EUA, o Talibã não só se manteve no poder, mas ampliou ainda mais sua área geográfica e hoje, de fato, o Afeganistão é governado pelo Talibã. Do ponto de vista político, portanto, a guerra foi um fracasso. Osama Bin-Laden foi morto em uma operação especial em 2011 em outro país ainda, o Paquistão, essa sim uma operação bem-sucedida do ponto militar e político. Afinal, a mente por trás dos terríveis atentados tinha sido eliminada.

As cenas dos últimos aviões americanos abandonando às pressas a capital Cabul em 2021, no início da administração Biden, foram comparadas, com certa razão, a outro fracasso militar e político, o Vietnã dos anos 70.

Um ataque terrorista de grande escala e duas guerras, ambas fracassadas do ponto de vista político. E tudo isso nas duas décadas nas quais a China acelerou ainda mais sua posição de liderança mundial. De fato, muitos nos EUA devem ter saudades da Guerra Fria, quando pelo menos os conflitos eram mais previsíveis...

É neste contexto amplo, de mais de trinta anos, que devemos colocar a atual temática de confronto entre China e EUA. Duas potências disputando liderança em praticamente todas as áreas. Uma nova guerra fria?

Entre a URSS e os EUA havia uma lógica de conflito, mas de divisão clara de linhas de influência. Apesar de situações específicas, como Cuba ou Afeganistão, de forma geral a guerra fria tinha uma lógica de confronto estático. Até porque a posse de armas nucleares em grande escala, ironicamente, criava um ambiente de medo e segurança. Medo, porque uma catástrofe nuclear poderia, e isso não é uma força de expressão, acabar com a vida humana no planeta. Mas segurança, pois de forma paradoxal, tal medo extremo prevenia os conflitos armados entre as duas potências. O jogo entre elas era perigoso no limite, mas previsível nas suas regras não explícitas. De fato, durante as várias décadas de Guerra Fria, a situação entre as duas potências poucas vezes tomou a forma de um possível conflito armado direto.

Com a China, a lógica desta suposta guerra fria é diversa. As linhas de interesse entre as duas potências não são claramente demarcadas. No sentido geográfico, há temas mais intensos, como a questão de Taiwan, central para a identidade chinesa. Mas as interconexões entre as duas economias são tão intensas que torna o conflito entre esses dois países muito mais complexo. Empresas ícones do capitalismo tecnológico americano têm fábricas na China. Por outro lado, o governo chinês compra a maioria dos títulos da dividia pública americana, literalmente financiando o governo americano, o que cria uma dependência mútua. As melhores universidades americanas são financiadas pelas mensalidades pagas por estudantes chineses. A venda de produtos chineses nos EUA dá sustentação a milhões de empregos na China. Nunca houve uma interdependência dessas entre a URSS e os EUA. Ironicamente, os dois países dependem um do outro. E são rivais.

Portanto, a lógica da nova guerra fria é outra em relação à velha guerra fria. A novidade do início do século XXI é que os temas políticos e geopolíticos tomaram a dianteira do debate nas relações internacionais, superando a lógica da integração econômica que parecia ser dominante nos anos 90. Vivemos o paradoxo de um século novo: globalização e desglobalização ao mesmo tempo.

Neste contexto, como deve se comportar o Brasil? Participar dessa nova e complexa guerra fria?

Voltemos ao tempo da velha guerra fria. Nunca houve em nenhum momento, a possibilidade do Brasil ser aliado da URSS. Não só os regimes políticos eram opostos, mas as conexões entre Brasil e EUA eram tão fortes que não havia a possibilidade de uma mudança de posição. Isso não quis dizer que o Brasil seguiu durante a Guerra Fria todos os ditames da potência hegemônica ocidental, como vimos. E isso, mesmo no regime militar.

Nos tempos de hoje, a herança do multilateralismo e do não-alinhamento da tradição diplomática brasileira deve ser mantida. Até porque não temos outra opção. Como vimos, nosso agronegócio, a "estrela" de nossa economia, é ligada às exportações chinesas. Literalmente, dependemos das compras chinesas de nossos grãos. Romper com a China é um tema fora de questão, seria um verdadeiro suicídio econômico.

Mas igualmente, também temos uma pauta de exportações qualificada para os EUA e somos ligados por valores políticos e laços profundos nos âmbitos culturais e continentais aquele país. Não há a menor chance de rompermos com os americanos.

Claro está que a linha de argumentação acima é exagerada: não haverá rompimento por parte do Brasil em relação a nenhuma das duas grandes potências. Nem sequer elas mesmas conseguem isso entre si, dado o elevado grau de interdependência entre elas. Mas à medida que as tensões entre China e EUA escalam, e hoje, em 2023, estão em nível já militar e geográfico (a tensa e complexa questão de Taiwan, como vimos), o Brasil deverá navegar com cuidado entre esses dois gigantes em conflito. Haverá pressão por parte dos dois lados, principalmente por parte dos EUA, para posicionamentos mais intensos por parte do Brasil. Neste momento, a postura deverá ser sempre a mesma: quais os interesses brasileiros em questão no longo prazo? De certo modo, mas em um mundo mais complexo, a velha barganha de Vargas ainda não sai de cena. Claro, em outro contexto muito mais delicado.

Os próprios EUA sabem destas relações profundas que a China criou com vários países (inclusive, dentro da própria economia americana) e muito provavelmente não irão exigir "lealdades" absolutas de todos os países. Uma ruptura absoluta com a globalização é hoje, impossível. Será em um futuro próximo? Ainda uma pergunta sem resposta.

Vejamos alguns exemplos concretos.

O leitor já conhece esta letra e este número: 5G. Não é apenas uma internet mais rápida para o lazer, mas uma nova forma de comunicação que permitirá ganhos de produtividade e novos serviços em uma escala imensa. Praticamente, é uma espécie de "restart" da velha internet, já que permitirá, por exemplo, fábricas conectadas em tempo real, com as máquinas controlando seu próprio ritmo de produção. Aplicações em telemedicina e em educação. Carros robôs. E uma infinidade de serviços e produtos que ainda nem desconfiamos.

Pois a China está na frente na tecnologia 5G, já que a maioria das antenas e da infraestrutura para ela é construída por empresas chinesas, como a Huawei e a ZTE. As outras empresas neste mercado são as nórdicas Nokia e Ericsson, finlandesa e sueca, respectivamente. O governo americano barrou a entrada de equipamentos chineses na construção da infraestrutura 5G do país. E fez pressão para que outros países fizessem o mesmo, sob alegação de uma possível espionagem feita pelo governo chinês utilizando seus equipamentos. De fato, como vimos, a relação entre empresas e governo chinês é de muita proximidade. Já as alegações de espionagem ainda precisam de comprovação. O que de fato interessa: é uma verdadeira guerra comercial e tecnológica.

O Brasil não acatou a pressão americana e permitiu a instalação de infraestrutura chinesa pelas operadoras de telefonia daqui. E em caso de proibição, os equipamentos teriam que ser comprados das outras empresas, muito mais caros e, portanto, tais custos chegariam fatalmente ao consumidor final brasileiro, além de atrasar o uso de uma tecnologia que pode fazer a diferença enorme na produtividade econômica.

Foi uma decisão que levou em conta interesses brasileiros. E provavelmente, outras decisões como essa terão que ser tomadas neste contexto de disputa entre os dois países. Podemos dizer com certeza que tais temas não são exclusivos do Brasil, já que o mundo inteiro praticamente tem relações intensas com os dois países. Mais uma vez, globalização e disputa geopolítica farão um delicado balé de danças e contradanças. Navegar nestas águas turbulentas será um desafio para a diplomacia brasileira.

Vamos terminar esta temática com a metáfora da água: mas desta vez, pensando no mar que nos banha enquanto país. E em nossos rios, que formariam, de acordo com um diplomata do passado, como vimos, uma ilha Brasil.

7.6 ECOCÍDIO: TEMA ESTRUTURANTE NAS RELAÇÕES INTERNACIONAIS

Em 1992, houve no Rio de Janeiro um encontro de chefes de Estado do mundo inteiro. Foi a sequência de outra conferência, ocorrida em 1972 em Estocolmo na Suécia, e seu tema marcou o início de um novo capítulo nas relações internacionais: a ecologia.

É até estranho que o tema tenha demorado tanto a entrar na pauta das discussões, afinal, na palavra ecologia encontramos o termo *casa* em grego: cuidar da casa e estudar suas conexões sociais, políticas, culturais e econômicas é o foco mesmo das relações internacionais. E por citar a palavra: economia também tem o mesmo prefixo grego. Talvez seja este mesmo o tema central: unir economia e ecologia.

O movimento ecológico tem raízes profundas na cultura. Desde o século XIX que escritores do chamado Romantismo valorizaram a paisagem natural como essência de uma conexão profunda com a sociedade e o eu. Tradições seculares de povos originários dos mais diversos ecossistemas do mundo sempre mantiveram esta associação. Foi a Revolução Industrial, que não por acaso, acelerou-se no mesmo XIX que os românticos criticaram, que separou bruscamente o homem da natureza. Qualquer leitura do ambiente urbano das grandes cidades industriais europeias da época mostra uma catástrofe social e ambiental.

Este modelo que chamamos de "crescimento" permanece como um dogma na economia até os dias de hoje. Não à toa, um importante e respeitado ecologista inglês, David Attenborough, tem uma frase cáustica: *Quem acredita em crescimento infinito em um planeta fisicamente finito, ou é louco, ou é economista.* Os economistas podem e devem ficar talvez um pouco chateados com a frase. Mas talvez devam, e não só eles, pensar sobre ela.

É neste contexto que podemos pensar em outra palavra além de ecologia e economia: ecocídio. Um crime contra o meio ambiente em larga escala cometido de forma consciente e persistente. Há já uma definição jurídica que está em processo de ser incorporada ao Tribunal Penal Internacional. O mesmo tribunal que foi criado no âmbito do pós II guerra e que criou o termo genocídio, no sentido do extermínio de um povo de forma deliberada. Podemos dizer que o crime ambiental será entendido em breve como um crime contra a humanidade.

O aprofundamento da temática ambiental não está apenas no sentido jurídico, mas nas ações da sociedade civil e nas empresas. Não é "apenas" a imagem de uma empresa que fica ruim quando ela é responsabilizada por um crime ambiental. A questão nos dias de hoje é a própria sobrevivência econômica desta empresa. Fundos de investimento que gerem trilhões de dólares já tem diretrizes claras sobre a temática ambiental. Se uma empresa as viola de forma sistemática, simplesmente perde suas fontes de investimento.

O mesmo agora se pode dizer de países. A temática ambiental não é apenas exclusiva de ativistas e talvez alguns artistas oriundos do movimento hippie dos anos 60. Os hippies de ontem são hoje cientistas, CEOs de grandes empresas, presidentes. Finalmente, os dois ecos se encontraram: economia e ecologia.

Por isso a Eco92 foi, muito provavelmente, o momento mais importante das relações exteriores do Brasil nos últimos 30 anos. Fomos literalmente o palco de discussões que iriam dar a base de grandes decisões dos maiores *players* de poder do mundo: empresas, países, sociedade civil. Não deixa de ser um pouco irônico, mas foi no governo Collor, um presidente impopular que sofreu impeachment por corrupção, que a diplomacia brasileira atingiu seu ponto de maior expressão. Claro que esta afirmação pode ser contestada. Mas, a partir da importância da temática, ela se sustenta no tempo seguinte.

Os anos posteriores à Eco92 só confirmaram a importância da ecologia nas discussões de relações internacionais. E o aquecimento global, nos anos 90 ainda uma teoria com fortes indícios e hoje uma certeza científica mensurável e palpável no cotidiano, apenas tornou o tema emergencial.

O Brasil tem, de novo, bons e maus exemplos neste debate.

A matriz energética brasileira é majoritariamente renovável, com origem nas hidrelétricas. Ao mesmo tempo, há espaços de sobra para o crescimento das fontes como eólica, solar e bagaço de cana. Aliás, enquanto o mundo hoje corre atrás do carro elétrico, o Brasil tem o maior programa de biocombustível do mundo, o etanol, estabelecido nos anos 70 do governo militar Geisel. Por outro lado, temos igualmente a maior floresta tropical do planeta. E tudo isso, em um contexto no qual o agronegócio brasileiro bate recordes de produção, mas com pouco aumento da área plantada: ou seja, produtividade. É um ativo enorme a explorar.

Por outro lado, os problemas ambientais brasileiros são muitos. E sequer é necessário ir até a Amazônia para encontrá-los. Vejamos nossas cidades e a coleta seletiva de lixo, item comum em quase todo mundo mais desenvolvido. Ou nosso transporte público, sempre muito precário, salvo exceções urbanas louváveis. E claro, o estado de nossos rios urbanos, muitas vezes reduzidos a depositários de esgoto. E por último, o tema hoje estruturante das relações internacionais do Brasil: a Amazônia.

Nos últimos 30 anos, o agronegócio brasileiro cresceu, mas o cerrado, importante bioma nacional, diminuiu. E a região sul da Amazônia, justamente a fronteira com o cerrado, tornou-se o que os especialistas chamam de "arco do desmatamento". Pressionada pela expansão irracional agrícola predatória, geralmente de baixíssima produtividade, a floresta vem sendo derrubada em ritmo muito agressivo. Não se trata, como se poderia supor, de debates ideológicos, mas de uma profunda reversão de expectativas. E porque expectativas?

Por que poucos países do mundo podem conciliar proteção ambiental, economia descarbonizada e produção de alimentos como o Brasil. Há muitos bons exemplos no agronegócio brasileiro e infelizmente, poucos, mas reticentes, maus exemplos.

CAPÍTULO 7   107

A agricultura globalizada brasileira já entendeu que a demanda internacional é por produtos sustentáveis. Trata-se, portanto, de unir economia e ecologia. Desafio do mundo contemporâneo, mas que o Brasil tem imenso potencial.

Alguns especialistas falam até em "potência verde". Se não temos ambições militares ou de poder territorial, podemos ser líderes neste item que hoje, repito e insisto, é estruturante nas relações internacionais.

Alguns países utilizaram de alguns recursos apenas para colocarem-se no mundo. A imagem destes países se reforça positivamente com apenas alguns poucos símbolos. O Brasil sequer precisa criar esta imagem. Ela já está dada: irônico que o Zé Carioca criado por Disney nos anos 40 seja, afinal, um pássaro verde. Verde deveria ser mesmo a nossa cor: está inclusive em nossa bandeira, herança da família Bragança de Portugal (e muito erradamente ensinada até hoje como referência às nossas matas. Poderíamos então, usar este erro e torná-lo realidade).

Na imprensa internacional e nos fóruns decisórios, quando o Brasil é colocado em debate, quase sempre o tema exclusivo é a proteção ambiental. Existe sim muita hipocrisia no ambiente destas discussões. Países já plenamente desenvolvidos temem que a poderosa agricultura brasileira possa ter acesso a seus mercados. Notadamente na Europa, onde o protecionismo agrícola é muito agressivo. Porém, o fato dos outros países usarem esta "desculpa" não nos desculpa de cumprir nossa parte. Se a agricultura brasileira já é um sucesso, imagine o leitor onde iríamos parar se também fôssemos exemplos de preservação ambiental.

Não há outro espaço de poder para o Brasil nos tempos modernos. Nossa tradição diplomática muito consolidada de não-alinhamento e defesa dos interesses nacionais continua a mesma, salvo pequenos períodos pouco relevantes para o longo prazo. Por outro lado, no contexto da nova guerra fria que se desenrola entre dois gigantes, EUA e China, os espaços de oportunidades devem ser cuidadosamente calculados, embora sejam, pelo menos até presente momento, grandes. A maior novidade para a política externa brasileira é o tema ecológico. E se utilizarmos nossa capacidade coletiva, o termo "potência verde" poderá mesmo ter um país líder. Pode ser um sonho ou um desejo, mas no momento atual é uma possibilidade em aberto.

7.7 ARMADILHA DE TUCÍDIDES: A GUERRA É INEVITÁVEL?

O leitor que conhece o tema relações internacionais deve estar familiarizado com o termo armadilha de Tucídides. Este historiador grego do século V a.C. escreveu sobre a Guerra do Peloponeso, que opôs diversas cidades gregas entre si, principalmente duas potências rivais da época, Atenas e Esparta.

No dia 24 de Fevereiro de 2022, tropas russas invadiram o território ucraniano, pondo fim a um longo intervalo de paz na Europa entre nações. Verdade é que esta afirmação pode ser contestada, já que nos anos 90 houve conflitos na região dos Balcãs. Mas um conflito "clássico" entre Estados era algo que parecia improvável após anos de globalização, acordos multilaterais e integração econômica. Mas eis que a geopolítica, igualmente no sentido mais tradicional da palavra, irrompe no cenário internacional.

Não cabe aqui neste texto introdutório uma análise aprofundada da guerra. Mas há motivos, ou podemos dizer, narrativas, que dão sustentação aos dois lados do conflito, ou aos múltiplos lados do conflito. Para a Rússia, uma autocracia liderada por Vladimir Putin, um ex-agente da KGB que teve atuação importante na Guerra Fria na então Alemanha Oriental, a Rússia é um país ameaçado pelo "Ocidente". Colocamos esta expressão entre aspas, porque, como veremos brevemente, não há uma unidade absoluta nesta conotação. Com a queda da URSS, os anos 90 foram de verdadeiro caos nos territórios então unificados à força por aquele império. Pois, apesar da ideologia comunista ter aspirações universalistas, na prática, a URSS era uma reposição do império czarista, agora sob novas formas ideológicas, mas com um controle de território muito próximo do passado. É a geopolítica em sua forma mais clássica e absoluta. Com a dissolução desta unidade territorial, os EUA, liderando a OTAN, uma organização criada para enfrentar justamente a URSS e seu poderia militar, expandiu-se a leste. Há vários importantes críticos de relações internacionais como Henry Kissinger e John Mearsheimer que entendem que esta expansão não trouxe estabilidade, mas ao contrário, lançou as bases para um novo conflito. Os EUA entenderam que tal expansão seria uma forma de manter os interesses da Rússia, agora sem a força militar que um dia teve enquanto URSS, fora da Europa e circunscrita a uma área menor de influência. De novo, vemos que durante os anos de globalização, a geopolítica territorial mais clássica ainda se mantinha como eixo norteador, pelo menos em parte, da ação das potências.

O resultado foi uma adição de vários países a Otan, às custas de uma reversão de poder militar russo. Estabilidade no longo prazo? Como hoje sabemos, não.

Por outro lado, a Europa liderou um processo de integração econômica com a Rússia, recém-saída do comunista, investindo grandes capitais naquele país e trazendo grandes projetos de infraestrutura, principalmente energética. De fato, parecia que a então ameaçadora Rússia do passado estava em um movimento de integração sem volta.

Sabemos também que a União Europeia, naqueles anos 90 também passou por um processo de expansão. Os anos mais intensos da globalização seriam então anos de "fim da História", com todos os países rumando a uma integração econômica na qual a geopolítica ficaria restrita aos livros empoeirados de História? O próprio teórico criador da expressão, Francis Fukuyama reviu sua posição anos mais tarde, indicando que a euforia globalizante teria limites.

Como vimos, não só as tensões China-EUA recolocaram em xeque a integração econômica, mas as tensões geopolíticas OTAN-Rússia lançaram o que hoje é visto como uma pá de cal no tema. Naquele dia 24 de Fevereiro, não só as linhas de fronteira entre Ucrânia e Rússia foram atacadas, mas toda uma crença de certo rumo da História que parecia ser único.

Do ponto de vista da OTAN, e da lei e da ordem internacionais sancionadas por organismos multilaterais como a ONU, a invasão foi uma agressão injustificada. Mas do ponto de vista da Rússia, a possível entrada da Ucrânia na OTAN, uma organização militar e não um organismo do sistema ONU, seria uma forma dos EUA e das potências "ocidentais" cercarem a Rússia, particularmente em relação ao acesso a portos de água quente, e, portanto, uma forma de enfraquecê-la militarmente. A liderança russa escolheu ver o mundo pela ótica da geopolítica e não da integração econômica. Curioso notar que, do ponto de vista das relações China-EUA, os americanos também escolheram a mesma ótica. Analisando um ou outro lado, veem-se duas narrativas que são coerentes internamente, e, portanto, mutuamente excludentes. A guerra seria então inevitável? Tucídides estaria certo? Este tema torna-se ainda mais intenso, quando se sabe que as duas potências em questão têm armas nucleares.

E por último, a China, outra grande rival americana, torna-se cada vez mais parceira da Rússia nos meses seguintes da guerra, alimentando a noção de que vivemos em uma nova Guerra Fria, uma divisão radical entre ocidente e oriente, entre democracias e autocracias. É este o único ponto de vista da geopolítica atual? Pensamos que não.

A América Latina também pertence ao ocidente. Como sabemos, temos relações históricas entre EUA e Brasil, nem sempre alinhados automaticamente, mas partilhando valores e pontos de vista comuns. Porém, esta região do mundo e o Brasil em evidência não tomou parte atuante no conflito. A recusa brasileira em enviar armas ou munições para a Ucrânia é mais do que apenas uma visão pacifista inocente. Mas uma posição de não-alinhamento coerente com a longa tradição brasileira. Neutralidade é aqui uma palavra errada. Pois nas duas votações da ONU sobre o tema, tanto como membro do conselho de segurança eleito (não permanente, aliás demanda brasileira há tempos) como na Assembleia Geral, o Brasil condenou a invasão. Podemos dizer que esta posição não é, em absoluto, de neutralidade. Mas igualmente, como um país não-membro da OTAN, não caberia de fato o Brasil enviar armas para o conflito. Fora o fato de que a Rússia é um importante fornecedor de insumos vitais para o agronegócio brasileiro. Há forte pressão dos membros da OTAN em um alinhamento bélico e não apenas político. Mas como se vê, vários países do chamado "sul global" relutam em participar de uma guerra que, de acordo com muitos, não lhes diz respeito, embora os afete. A posição da Índia, a maior democracia do mundo, demonstra claramente este não-alinhamento. (ela mesma, ainda mais dependente de insumos russos, como petróleo).

O Brasil deve buscar o que é o melhor para o Brasil. A frase soa tautológica, mas é especialmente importante em um movimento de realinhamento de grandes potências e de conflitos bélicos entre elas. Como saberemos navegar neste mundo pós-globalizado e cada vez menos multilateral é ainda um tema de debate.

Esperamos que com esse exemplo extremo, possamos mostrar a importância do tema política externa. Não é um tema como muitos poderíamos imaginar afastado do cotidiano. Não é preciso estar em uma guerra, sofrendo seus horrores, para entender a importância se analisar o tema. A guerra chega até nós por todas as vias. E mesmo em tempos de paz, o que, aliás, sempre desejamos, a política externa também nos afeta. Quando os formuladores dos mapas nos primórdios da nossa história imaginavam que o Brasil era uma ilha, tal fato não nos permite nos ver fora do mundo.

Esperamos que este modesto texto tenha dado ao leitor a oportunidade de entender a importância da política externa brasileira. E como ela nos afeta, mesmo em nosso cotidiano. De vários pontos de vista, o Brasil não é uma ilha.

BIBLIOGRAFIA

ALMEIDA, Paulo Roberto. **Relações Internacionais e política externa do Brasil:** dos descobrimentos à globalização. Porto Alegre: Ed. UFRGS, 1998.

BUENO, Eduardo. **Brasil, uma História**. São Paulo: Leya, 2012.

CALDEIRA, Jorge. **História da riqueza no Brasil**. Rio de Janeiro: Estação Brasil, 2017.

FAUSTO, Boris. **História do Brasil**. São Paulo: Edusp, 1995.

HOBSBAWM, Eric. **Como mudar o mundo**. São Paulo: Cia. das Letras, 2011.

HOBSBAWM, Eric. **Era dos Extremos** – o breve século XX. São Paulo: Cia das Letras, 1994.

JACKSON, Robert; SORENSEN, Georg. **Introdução às relações internacionais**. Rio de Janeiro: Zahar, 2003.

KEEGAN, John. **Uma história da guerra**. São Paulo: Cia das Letras, 2006.

KISSINGER, Henry. **Ordem mundial**. Rio de Janeiro: Objetiva, 2014.

LAFER, Celso. **A identidade internacional do Brasil e a política externa brasileira**. São Paulo: Perspectiva, 2001.

MESSARI, Nizar; NOGUEIRA, João Pontes. **Teoria das relações internacionais**. Rio de Janeiro: Campus, 2005.

MOTA, Carlos Guilherme; LOPEZ, Adriana. **História do Brasil.** São Paulo: editora 34, 2015.

OLIVEIRA, Henrique Altermani. **Política Externa Brasileira.** São Paulo: Saraiva, 2008.

PINHEIRO, Letícia. **Política Externa brasileira** – 1889-2002. Rio de Janeiro: Zahar, 2004.

PRIORE, Mary Del; VENÂNCIO, Renato. **Uma breve história do Brasil.** São Paulo: Planeta, 2010.

RICUPERO, Rubens. **A diplomacia na construção do Brasil** – 1750-2016. Rio de Janeiro: Versal, 2017.

SCHWARCZ, Lilia; STARLING, Heloisa. **Brasil:** uma biografia. São Paulo: Cia das Letras, 2015.